No fiches *cracks*,
mejora la organización

No fiches *cracks*, mejora la organización

Las competencias colectivas que impulsan el talento individual

Oriol Montanyà

Prólogo de Xavier Marcet

Primera edición en esta colección: abril de 2026

© Oriol Montanyà Vilalta, 2026
© del prólogo, Xavier Marcet, 2026
© de la presente edición: Plataforma Editorial, 2026

Plataforma Editorial
c/ Muntaner, 269, entlo. 1.ª – 08021 Barcelona
Tel.: (+34) 93 494 79 99
www.plataformaeditorial.com
info@plataformaeditorial.com

Depósito legal: B 5874-2026
ISBN: 979-13-88080-12-8
THEMA: KJ

Printed in Spain – Impreso en España

Diseño de cubierta:
Pili Eme

Realización de cubierta:
Grafime S. L.

Fotocomposición:
gama, sl

El papel que se ha utilizado para imprimir este libro proviene
de explotaciones forestales controladas, donde se respetan
los valores ecológicos y sociales, y el desarrollo sostenible del bosque.

Impresión:
Sagrafic

Las ideas que dan forma a este libro no son fruto de una sola voz, sino del eco de muchas. Mi agradecimiento a las organizaciones que construyen, a los profesionales que lideran y a los académicos que investigan. Gracias a su conocimiento y a su ejemplo, estas páginas han podido escribirse.

Índice

Prólogo

Oriol Montanyà es un profesor de la UPF Barcelona School of Management y es columnista del suplemento Dinero de *La Vanguardia*. Tengo la fortuna de coincidir con él en ambos lugares. Es una persona inspiradora que no necesita recubrir de pirotecnia sus argumentos. Este no es un libro de un académico que solamente escribe para sus compañeros académicos y se obsesiona por las notas a pie de página. Este es un muy buen libro de *management*. Una síntesis propia imposible de improvisar. Montanyà se destila a sí mismo y resuelve un texto enormemente útil para todos aquellos que gestionan empresas. Si algo engrandece este libro es la sencillez bien contextualizada que compone. No es un libro que busque la piedra filosofal del *management*; es un libro que ordena y sugiere un modo de manejar las empresas cargado de sentido. Es un libro que fluye. Esto es muy importante y bastante raro. Fluye porque Montanyà no pretende decirlo todo, sino ordenar lo fundamental. Por tanto, es un libro que funciona maravillosamente para los que tienen experiencia y para aquellos que se asoman al mundo del *management*.

Me seduce mucho el título de su obra. Hace tiempo que doy vueltas a que no necesariamente es una buena idea contratar a los mejores. Especialmente si los mejores no han cultivado la humildad que permite preservar las ganas de continuar aprendiendo y la capacidad de esfuerzo. Muchas veces es mejor contratar a aspirantes que a consolidados. Gente que tiene alma de aspirante. Gente que tiene cosas por demostrar y que busca crecer en una banda de jazz más que ser acompañado por una sinfónica que potencie su rol de solista. Me gusta cómo Montanyà resuelve esta ecuación entre personas y equipo. Me gusta la reflexión sobre el organigrama, y me gusta que no sea un libro más dedicado a encumbrar el liderazgo como si el papel de los equipos no fuera fundamental, tanto a la hora de alcanzar resultados corporativos como a la hora de encumbrar a los propios líderes.

No fiches cracks, mejora la organización es un libro lleno de vida. En él encontrarán referencias de clásicos del *management*, pero también de literatura, de filósofos y de fútbol. Y es que el *management* no vive en cápsulas aisladas; uno no deja de ser persona cuando actúa como profesional. Oriol Montanyà pone el *management* en su sitio: en la vida. Las empresas no son ecosistemas cerrados de gente que cuando entra a trabajar olvida el alma. Por eso, el papel de los equipos es definitivo en los resultados de las organizaciones. Una empresa es una comunidad de personas entre un propósito y un legado que debe dar resultados positivos para sobrevivir. Este es un libro que mira el *management* desde las personas, aunque vaya más allá de las personas.

Prólogo

Oriol Montanyà se consolida como una de las voces de referencia en el *management* español. Sin duda. Y es un referente por sus credenciales de compromiso e inspiración. Los referentes —él mismo lo dice en este libro— no son solamente buenos profesionales, son buenos seres humanos. Este no será el último libro de Montanyà. Estoy convencido de que su mirada política nos alumbrará muchas veces más, y se lo agradeceremos mucho. Porque este estilo que combina profundidad con sencillez es el más inspirador. Este estilo breve donde la autocontención se palpa en favor de la fluidez del libro dice mucho a favor del autor. De hecho, Montanyà no se regodea en el descubrimiento de una metodología definitiva y colosal que, al cabo de poco, el tiempo pone en su sitio. Por el contrario, su obra se podrá volver a leer dentro de muchos años. Es muy distinto escribir un libro para ser leído o para ser releído. Y créanme, lectores, este es un libro que volverán a leer o, como mínimo, a consultar. Los libros de los expertos se leen, pero los libros donde hay sabiduría se revisitan.

Para mí es un honor que Oriol me haya pedido estas palabras de pórtico. Se lo agradezco mucho. Si algo nos mueve en la vida es aprender, y de su mano he aprendido, he sentido curiosidad e inspiración.

Que lo disfruten.

XAVIER MARCET
Consultor en innovación y liderazgo empresarial,
presidente de Lead to Change

Introducción

Empezar un libro de *management* utilizando el ejemplo de Leo Messi no es precisamente lo más original del mundo. Pocos personajes han sido tan citados en conferencias, artículos y manuales de liderazgo como el astro argentino. Sin embargo, pocos ejemplos resumen mejor la idea que da pie a esta obra. Porque la carrera de Messi, más allá de sus registros imposibles, ofrece una lección muy nítida: el talento individual, por extraordinario que sea, necesita un sistema colectivo que lo sostenga.

Ahora que el futbolista disfruta del tramo final de su trayectoria en Miami, conviene recordar que su etapa más resplandeciente la vivió entre 2009 y 2012. En esos años encadenó cuatro Balones de Oro y el Barça de Guardiola acumuló títulos, partidos memorables y un fútbol asociativo que dejó al mundo con la boca abierta. Era una especie de engranaje coral que ofrecía grandes resultados. Pero lo curioso (o, más bien, lo revelador) es que en ese mismo periodo Messi no logró levantar ni una sola copa con la selección argentina a pesar de compartir vestuario con otros futbolistas extraordinarios.

¿Cómo puede la misma persona generar éxitos incontestables en un contexto y no brillar de igual modo en otro? La tentación es recurrir a explicaciones psicológicas, emocionales o incluso místicas. Sin embargo, la respuesta adecuada desde una óptica profesional suele ser más prosaica: el rendimiento depende tanto de las competencias individuales como de las competencias colectivas. Porque no basta con lo bueno que eres tú (ni siquiera con lo buenos que son tus compañeros), sino que también importa lo competente que es la organización para la que trabajas. En otras palabras, la suma de talentos particulares solo funciona cuando existen unas bases comunes que sostienen el proyecto. De hecho, en muchos casos, esta arquitectura invisible es la que acaba determinando si la genialidad se multiplica o se desperdicia.

Pero lo cierto es que resulta más fácil mirar al individuo que a la colectividad. Porque la historia del éxito profesional reciente se ha escrito casi siempre en singular: el liderazgo de este empresario, la determinación de aquel directivo o la creatividad del otro emprendedor. Y es que puede resultar incluso motivador pensar que todo depende de un repertorio personal de talentos. Seguramente de ahí nacen las listas cada vez más extensas de virtudes imprescindibles para convertirse en un trabajador ejemplar: ser perseverante y curioso, colaborativo y autónomo, digital y humanista, riguroso y flexible, analítico y empático, ambicioso y visionario. Un catálogo tan completo que roza lo inabarcable. En cualquier caso, el énfasis en las competencias individuales ha contribuido, sin duda, a elevar el nivel de muchas trayectorias. El problema aparece cuando ese avance se produce a costa de olvidar algo esencial: que el verdadero éxito no se construye solo con destrezas personales, sino también con las competencias que dan fuerza y continuidad a una organización.

Porque, cuando uno busca literatura sobre los pilares de gestión que deben sustentar una empresa o institución, resulta que la cosecha es considerablemente menor. Para ilustrar semejante afirmación, en la base de datos *Scopus*, que es una de las más prestigiosas del mundo en el terreno académico, aparecen más de 2500 artículos científicos que hacen referencia a las competencias individuales, mientras que la investigación vinculada a las competencias colectivas no supera los 400 documentos.

Asimismo, en la práctica profesional, el interés por las dinámicas compartidas suele aparecer apenas como un telón de fondo. Es habitual escuchar expresiones bienintencionadas como «tenemos que alinear esfuerzos», «hay que mejorar la coordinación», «conviene profesionalizar las operaciones»..., pero en muchos casos son deseos demasiado vagos que no se traducen en una verdadera guía de acción. Y cuando el plano organizacional no se aborda con la determinación suficiente, se acaban generando situaciones que nos pueden resultar de lo más familiares, como personas valiosas que entran en empresas desordenadas y se frustran, o proyectos que prometían mucho y se quedan en nada.

¿Y por qué este nivel de competencias colectivas pasa tan desapercibido a pesar de su importancia? Pues es posible que una primera razón tenga que ver con la escasa formación en el diseño y en la ejecución de los cimientos organizativos. De hecho, llama la atención que los conocimientos más básicos sobre definición de procesos, desarrollo de estrategias o creación de incentivos todavía no formen parte de muchos programas de desarrollo profesional. A ello se suma que lo colectivo suele ser multicausal, y pocas veces un éxito o un fracaso se explica por un único factor. Más bien responde a combinaciones de pequeñas cosas que, bien alineadas, generan un gran efecto. Y, por último, no hay que olvidar que es poco glamuroso. Siempre resulta más sencillo celebrar a la figura carismática que reconocer el mérito de una infraestructura compartida, aparentemente aburrida y repetitiva. Sin embargo, como ocurre con las redes eléctricas, lo que permanece oculto es justo lo que sostiene la vida visible.

Así pues, la tesis de este libro es sencilla de formular, pero exigente de aplicar. Porque, para potenciar el talento, hay que trabajar los dos niveles de competencias. El nivel individual, del que nos haremos eco de forma breve, pues entendemos que ya está muy explorado. Y el nivel colectivo, que será el verdadero protagonista de estas páginas, por tener un papel realmente decisivo, a pesar de contar con menos reflexión práctica y escasa investigación científica.

Si volvemos un momento a Messi, nos daremos cuenta de que sus grandes victorias internacionales (dos Copas América y un Mundial) llegaron en los últimos compases de su carrera, justo cuando él ya no estaba en su mejor momento en cuanto a competencias individuales. Pero lo que había cambiado era el contexto. La Federación Argentina de Fútbol había fortalecido sus competencias colectivas (tanto la gestión deportiva como la económica y la social). De tal forma que el mismo jugador, en un entorno distinto, generó un desenlace sustancialmente mejor. Y la moraleja vale para cualquier empresa: no se trata de fichar genios para que resuelvan la organización, sino de construir una organización que multiplique a la gente buena que ya tienes.

Este libro nace de esa convicción y de una experiencia acumulada durante años por parte del autor que escribe estas palabras, primero desde la práctica profesional en puestos de alta dirección y después mediante la observación, investigación y divulgación académica. De hecho, la presente obra también se nutre inevitablemente de los más de 100 artículos de *management* publicados durante el último lustro en el periódico *La Vanguardia*, donde se han narrado multitud de historias que mostraban cómo, detrás de cada logro tangible, había un conjunto de pautas estructurales que lo hacían posible. Por tanto, aquí reunimos esa mirada en un recorrido que va de lo individual a lo compartido, pero con una apuesta clara, ya que la mayor parte del viaje transcurre en el terreno de las competencias colectivas

En este punto conviene precisar el lenguaje. Llamaremos *competencias individuales* a los conocimientos, las actitudes y las habilidades de una persona (lo que sabe, lo que hace y cómo lo hace). En cambio, llamaremos *competencias colectivas* a las capacidades que una organización (empresa o institución) despliega de forma compartida para facilitar el desarrollo del talento y convertir los esfuerzos en resultados. Es un «saber hacer juntos» que se traduce en ocho pilares concretos: desde la cultura que da sentido hasta la comunicación interna que hace circular la información, pasando por la gobernanza, los procesos, los proyectos, la formación, los objetivos y la política retributiva.

Nos sumergiremos en todas ellas para mostrar que no se trata de una capa burocrática por encima de las personas, sino del ecosistema en el que las personas pueden trabajar mejor. Y conviene subrayar ese concepto de ecosistema, ya que son competencias que solo funcionan si se entienden de forma holística, como los ingredientes de una receta que se coordinan entre sí para alcanzar su verdadero sabor. Si se abordan de forma aislada, en cambio, difícilmente producirán el efecto deseado.

En este sentido, para no quedarnos en un plano demasiado abstracto, y antes de adentrarnos en el detalle de las ocho competencias colectivas que vertebrarán el libro (eso llegará enseguida), podemos empezar formulándonos algunas cuestiones concretas que sirvan para analizar nuestras organizaciones y aproximarnos al corazón de lo que estamos hablando:

- ¿Tenemos un propósito y una misión que nos ayudan a tomar las decisiones relevantes?
- ¿Contamos con unas reglas de gobernanza claras que hacen eficiente el trabajo en equipo?

- ¿La comunicación interna fluye en cascada y recoge *feedback* para mejorar la eficacia y el clima laboral?
- ¿Existe una cultura de gestión por procesos y mejora continua para las operaciones diarias?
- ¿Sabemos cómo seleccionar, priorizar y gestionar los proyectos que vehiculan la innovación?
- ¿Nos aseguramos de que todos los directivos hayan recibido formación en liderazgo y gestión de personas?
- ¿Fijamos objetivos individuales claros y plenamente alineados con la estrategia global?
- ¿La política retributiva es transparente, equitativa y motivante?

No es cuestión de responder con un sí rotundo a todas las preguntas, sino de mirar con otros ojos. Porque, al hacerlo, entenderemos que hay mecanismos de gestión colectiva con un poder transformador muy grande. Y tampoco nos dedicaremos a inventar la pólvora (seguro que ninguno de los conceptos recogidos en las interrogaciones anteriores nos ha sonado a nuevo), sino más bien todo lo contrario, ya que en muchos casos la solución pasa por recuperar patrones de gestión clásicos e implementarlos con sentido común. Pero claro, el primer paso siempre es interiorizar la importancia del tema y convencerse de que vale la pena dedicarle tiempo y esfuerzo.

Por tanto, si al terminar esta introducción nos descubrimos mirando a nuestra organización con una mezcla de curiosidad y exigencia (preguntándonos qué sostén invisible permite a la gente dar lo mejor de sí y qué parte estorba sin querer), habremos logrado el primer objetivo. El segundo llegará trabajando, capítulo a capítulo, ese «saber hacer juntos» que distingue a las organizaciones que funcionan de las que solo lo intentan. Porque, como aprendimos viendo jugar al mejor futbolista de la historia, hasta el talento más extraordinario necesita un buen equipo. Y construir ese equipo (en el sentido organizativo del término) es una responsabilidad compartida que puede empezar hoy.

Un apunte previo
Actitudes y habilidades que marcan la diferencia

En la introducción hemos explicado que el rendimiento sostenido nace de trabajar en paralelo dos niveles de competencias: el individual y el colectivo. Pero también hemos insistido en algo que conviene recordar desde el principio, y es que ningún profesional reúne todas las virtudes imaginables. Pretenderlo es un error que lleva a la frustración y, a menudo, a la impostura. Este capítulo, por tanto, no busca dibujar un retrato robot imposible, sino identificar un denominador común razonable, lo bastante sólido como para aupar trayectorias profesionales y, al mismo tiempo, lo bastante flexible como para dejar espacio a la autenticidad de cada persona. Será un apunte breve, porque el núcleo del libro está en lo colectivo, pero la verdad es que no podíamos pasar por alto lo individual, ya que, si el talento personal se descuida, tampoco la organización tiene de dónde alimentarse.

Como punto de partida y marco conceptual de esta cuestión, resulta especialmente oportuna la fórmula popularizada por Victor Küppers, profesor y conferenciante especializado en psicología positiva, que nos recuerda que el valor profesional (e incluso personal) de un individuo siempre es la suma de sus conocimientos y habilidades, multiplicados por la actitud que adopta. Concretamente, lo expresa del siguiente modo: $Vp = (C + H) \times A$

La ecuación es simple y, al mismo tiempo, enormemente esclarecedora. Los conocimientos (C) constituyen la base técnica de cualquier profesional. Son los que permiten tomar decisiones con fundamento, resolver problemas con criterio y desenvolverse en un campo específico. Un ingeniero sin sólidos conocimientos de física o un médico sin dominio de la anatomía difícilmente podrían ejercer con solvencia. Los conocimientos suman, y lo hacen mucho.

Las habilidades (H) son la capacidad de aplicar esos conocimientos a la práctica diaria: planificar, comunicar, negociar, organizar, analizar, ejecutar... Son las destrezas que convierten lo sabido en algo útil para la organización y que permiten a un profesional desempeñar su puesto con garantías. Así que su aportación también es muy relevante a la hora de potenciar del talento.

Sin embargo, lo decisivo en la fórmula es que tanto conocimientos como habilidades no se suman de manera aislada, sino que se multiplican por las actitudes (A). La actitud es la predisposición mental y el comportamiento con el que se afronta cada reto, cada relación y cada tarea. Una persona con un gran bagaje técnico y una amplia paleta de habilidades puede fracasar si su actitud es negativa o tóxica. Y, al contrario: alguien con menos bagaje, pero con entusiasmo y capacidad de sumar a otros, puede convertirse en un motor imprescindible de cualquier equipo. Porque seguro que todos hemos conocido a profesionales brillantes que se han estancado por su mala disposición, y a personas con un perfil menos deslumbrante que progresan y hacen progresar a su entorno gracias a su actitud. Al final, se trata de interiorizar la conocida teoría del catedrático Benito Echeverría, quien siempre asegura que «el éxito profesional es un 25 % aptitud y un 75 % actitud».

Y para ser un poco más concretos, entre la diversidad de actitudes que la literatura académica y la experiencia profesional han puesto de relieve, hay tres que destacan como auténtico denominador común: la humildad, el compromiso y el positivismo. Un triplete de virtudes que no solo generan un gran consenso científico y práctico, sino que expresan una manera de situarse ante el trabajo y ante los demás, atesorando la capacidad de multiplicar el valor de cualquier conocimiento o habilidad.

Humildad militante

La humildad a menudo se confunde con debilidad o falta de ambición cuando en realidad ocurre justo lo contrario. El investigador estadounidense Jim Collins, tras analizar durante años qué hacía que algunas empresas pasaran de ser simplemente buenas a convertirse en grandes de manera sostenida, identificó un perfil de líderes al que bautizó como «de nivel 5». Su rasgo diferencial era la combinación, poco frecuente, de una ambición profesional inquebrantable con una modestia personal igualmente firme. No eran héroes mediáticos ni buscaban la exposición pública, pero lograban resultados extraordinarios porque volcaban toda su energía en hacer crecer al equipo antes que en alimentar su propio ego.

La humildad se expresa, sobre todo, en dos dimensiones. La primera es la capacidad de generar adhesión, porque las personas confían en quienes no necesitan exhibirse ni presumir de omnisciencia. Como señala el consultor Xavier Marcet, los líderes humildes no sienten la necesidad de demostrarlo todo, porque transmiten que conocen lo esencial. Esa actitud rebaja tensiones, desactiva resistencias y abre la puerta a colaboraciones más fecundas.

Asimismo, la segunda dimensión es la que activa la mejora continua. Porque quien se permite dudar en dosis justas mantiene viva la curiosidad, examina con más detalle, pregunta, escucha y se esfuerza por superarse. Y esa especie de inseguridad virtuosa se convierte en combustible para el aprendizaje y en motor de progreso.

Mantener la humildad, sin embargo, no es fácil cuando se ocupa una posición de poder. Una investigación longitudinal en varias universidades estadounidenses mostró que el narcisismo tiende a disminuir con la edad, salvo en quienes ejercen cargos directivos, en cuyo caso suele perpetuarse. De ahí que la humildad requiera militancia activa: hay que vigilar cuándo abusamos del «yo», cuándo buscamos culpables en la ventana y no en el espejo, o cuándo dejamos de interesarnos por lo que dicen los demás. Porque, al final, los cargos los otorgan los organigramas, pero el liderazgo lo conceden las personas.

Compromiso generoso

Si la humildad nos conecta mejor con los demás y nos ayuda a progresar, la segunda actitud más determinante, que es el compromiso, permite colocar el yo al servicio del nosotros. De hecho, puede definirse como la capacidad de vincular los intereses individuales con los objetivos colectivos, de manera que el avance personal esté estrechamente ligado al progreso del grupo. Esta idea está en el corazón de la filosofía africana *ubuntu*, cuyo lema más conocido es altamente poderoso: «Yo soy porque nosotros somos».

La anécdota que suele utilizarse para ilustrarlo es reveladora. Un antropólogo europeo, trabajando en un poblado de África austral, propuso a un grupo de niños un juego: correr hasta un árbol cercano, donde había una cesta de manzanas, con la promesa de que el primero que llegase se quedaría con todas. A la señal de salida, los pequeños no compitieron entre sí, sino que se cogieron de las manos y avanzaron juntos hasta la meta, para luego repartirse el premio. Cuando el sorprendido científico les preguntó por qué, respondieron con una sola palabra: «ubuntu». Y es que para ellos no tenía sentido que uno disfrutase mientras los demás quedaban excluidos, ya que esta filosofía considera que ganar es hacerlo todos.

Trasladada al ámbito de la gestión, *ubuntu* nos recuerda que un éxito individual que genere un fracaso colectivo no es éxito, sino derrota. Porque comprometerse es, en la práctica, tomar decisiones que a veces sacrifican una ventaja personal inmediata en favor de un beneficio compartido más duradero. Doc Rivers, entrenador de los Boston Celtics, campeones de la NBA en 2008, se lo explicó a su plantilla con una frase contundente: «Quien quiera lanzar siempre a canasta, por muy bueno que sea, no tiene sitio en el equipo».

El compromiso, además, no camina solo: se despliega de la mano de la generosidad. Y aquí conviene ser claros. La generosidad en la empresa no significa renunciar sistemáticamente a lo propio ni caer en el servilismo, sino aceptar que nuestras preferencias individuales deben pasar por el filtro de lo que conviene a la organización. Esto puede traducirse en compartir información en lugar de guardarla para ganar ventaja, en ceder protagonismo cuando otro lo merece o en asumir nuevas responsabilidades aunque no encajen del todo en nuestra zona de confort. Significa entender que, aunque en ocasiones la decisión más cómoda o ventajosa para mí no coincide con lo que el grupo necesita, la opción correcta es la que refuerza al colectivo. Porque lo que hoy entregas sin esperar nada a cambio acaba regresando en forma de apoyo, reconocimiento y nuevas oportunidades.

Positivismo dinamizador

El tercer multiplicador es el positivismo, entendido como una predisposición constructiva para afrontar retos y cambios. El periodista y pensador Carles Capdevila lo explicaba con una metáfora muy gráfica: en cualquier grupo humano conviven dinamizadores que empujan e inspiran, con dinamitadores que frenan y desgastan. Entre ambos se mueve la mayoría, que oscila según el peso que adquieran unos u otros. Así que la suerte de un equipo depende, en buena medida, de qué polo arrastra más. Y la investigación sociológica respalda esta teoría de Capdevila con datos. De hecho, Everett Rogers, en su célebre teoría sobre la difusión de innovaciones, también describió distintos perfiles de reacción ante el cambio: desde los innovadores (una minoría escasa) hasta los resistentes (un grupo nada desdeñable), pasando por otros tres niveles intermedios donde se ubica el grueso de la gente. En ese contexto, los dinamizadores se convierten en un recurso todavía más valioso, porque no abundan.

En la empresa, el positivismo se traduce en ilusión exigente: mirar hacia atrás con espíritu crítico para aprender de los errores y mirar hacia delante con confianza activa para aprovechar las oportunidades. Es la chispa que convierte los retos en caminos de mejora y que contagia energía a quienes dudan. Pero, como ocurre con otras actitudes, también aquí la cultura organizativa desempeña un papel decisivo. Y es que una investigación de la Universidad de Las Palmas de Gran Canaria demostró que la resistencia al cambio no depende únicamente de la personalidad individual, sino también del entorno corporativo. Culturas rígidas, opacas y punitivas acaban sofocando cualquier dinamismo; mientras que culturas abiertas, con propósito claro y horizontes compartidos, lo potencian y lo multiplican.

Habilidades: seis destrezas situacionales

Por otro lado, las habilidades son las que ayudan a convertir una disposición interior en resultados tangibles, ya que permiten vehicular los conocimientos para transformarlos en acción. Para organizarlas, tomaremos como guía el marco de Daniel Goleman, psicólogo y divulgador, quien, tras décadas de investigación, describió seis estilos de liderazgo distintos. Él mismo los comparó con los palos de golf: ningún jugador puede ganar un torneo utilizando siempre el mismo, porque cada golpe requiere un instrumento diferente. Con las habilidades sucede lo mismo, ya que no basta con dominar un único registro, por muy sólido que sea, sino que lo valioso es disponer de un repertorio variado y saber alternarlo según la situación.

Conviene recordar, además, que, aunque el planteamiento original de Goleman se refiera a líderes formales, las destrezas que podemos extraer de su modelo no pertenecen en exclusiva a los directivos. Cualquier profesional, sea cual sea su rol, necesita habilidades que le permitan trabajar con eficacia en un entorno colectivo y contribuir a que el conjunto avance. Por eso, utilizaremos el marco de Goleman como un mapa útil, pero lo traduciremos en competencias que están al alcance de cualquier persona que aspire a ejercer bien su oficio dentro de una organización.

• La primera de estas habilidades es la asertividad, asociada al estilo de liderazgo orientativo. Se trata de la capacidad de marcar un rumbo y hacerlo comprensible para los demás. En tiempos de incertidumbre, cuando abundan las interpretaciones y los rumores, la asertividad aporta claridad. No es una cuestión de imponer ni de levantar la voz, sino de explicar con serenidad quiénes somos, hacia dónde vamos y qué significa en la práctica ese camino. Una organización sin asertividad es como un barco a la deriva en el que cada tripulante rema en una dirección distinta. La habilidad de ser asertivo, bien entendida, orienta las energías, ayuda a decir «no» cuando toca y proporciona la calma necesaria.

• En segundo lugar está la ejemplaridad, vinculada al estilo imitativo. Porque hay aprendizajes que no se transmiten con manuales ni con discursos, sino con la fuerza de los hechos. Predicar con el ejemplo es mostrar, en una negociación difícil, en una visita clave o en una tarea delicada, qué estándar se espera. La ejemplaridad no exige convertirse en un superhéroe que lo hace todo por sí mismo, pero sí en alguien que actúa de manera coherente, dejando que sus acciones validen sus palabras. Porque, cuando un profesional demuestra con sus actos lo que considera importante, eleva el listón y ofrece un referente que los demás pueden tomar como punto de partida para superarlo. En cambio, cuando las palabras y los hechos divergen, la confianza se erosiona con rapidez.

- La tercera habilidad es la empatía, núcleo del estilo afiliativo de Goleman. Se trata de comprender la perspectiva ajena, dedicando tiempo de calidad a las personas y mostrando un interés genuino por lo que viven. La empatía requiere presencia e interacción: escuchar con atención, reconocer el esfuerzo, detectar los bloqueos invisibles en las métricas, proporcionar seguridad psicológica... Esta habilidad se nota y da sus frutos especialmente en momentos de dificultad, porque ayuda a sostener la motivación y a evitar que la presión se convierta en desgaste. En definitiva, la empatía otorga legitimidad y humanidad al liderazgo.

- En cuarto lugar aparece la escucha activa, asociada al estilo democrático. Escuchar no es un gesto pasivo ni una renuncia a la hora de decidir, sino un modo de enriquecer las decisiones con perspectivas diversas. La escucha activa requiere método: saber cuándo abrir el espacio a las aportaciones, cómo ordenar las intervenciones y con qué criterios cerrar la deliberación. Practicada así, no dilata innecesariamente los procesos, sino que los fortalece. Además, quien ha participado en un diálogo real, aunque no se imponga su propuesta, suele comprometerse más con la decisión final. Por tanto, la escucha activa mejora la calidad de las decisiones y, al mismo tiempo, refuerza el compromiso de quienes las ponen en práctica.

- La quinta habilidad es la mentoría, vinculada al estilo formativo. Se expresa en la voluntad de ayudar a crecer a los demás, de compartir conocimientos, de dar *feedback* honesto y de abrir oportunidades para que cada persona gane autonomía. No es un gesto paternalista, sino un ejercicio de confianza a largo plazo: invertir tiempo hoy para reducir dependencias mañana. El profesional que se dedica a mentorear no solo multiplica el potencial de su equipo, sino que también amplía la capacidad de la organización. Aunque pueda parecer un camino lento, es en realidad el más rápido para aumentar la solvencia colectiva, porque cada individuo que crece se convierte en un nodo más fuerte de la red.

- Por último, la sexta habilidad es la exigencia, que engloba también la valentía directiva. Exigirse y exigir a otros no es incompatible con el respeto ni con la empatía; de hecho, es su complemento. Exigir consiste en centrar lo que se espera, asignar responsabilidades claras y tener el coraje de aplicar lo que se ha dicho. También implica reconocer cuándo una práctica ya no funciona, cuándo un proyecto debe replantearse o cuándo una persona necesita escuchar un mensaje incómodo para mejorar. La exigencia auténtica se ejerce con evidencias y sentido de justicia, nunca desde el capricho ni desde la arbitrariedad. Y es imprescindible, porque protege al colectivo frente a la complacencia y frente al desgaste que provocan los problemas enquistados.

En definitiva, con estas tres actitudes y seis habilidades, hemos trazado el núcleo común de un buen profesional. No es un catálogo exhaustivo, sino una brújula práctica. La humildad militante, el compromiso generoso y el positivismo dinamizador marcan el terreno de juego, mientras que la asertividad, la ejemplaridad, la empatía, la escucha activa, la mentoría y la exigencia permiten jugar con solvencia. Y atención... todas estas cualidades son perfectamente adquiribles y perfeccionables. Porque a estas alturas ya no descubriremos que el líder se hace mucho más de lo que nace.

Con todo, como ya hemos repetido en varias ocasiones, lo individual importa (y mucho) aunque no basta. Ninguna de estas virtudes puede desplegarse plenamente en una organización incompetente, y todas florecen cuando el entorno colectivo las favorece. Así que en los próximos capítulos cambiaremos de nivel para adentrarnos en esas competencias colectivas que marcan la diferencia entre acumular talento y multiplicarlo. Porque hasta el mejor profesional puede fracasar en una organización caótica.

Primera competencia
La cultura: el pegamento que hace equipo

Una bandada es un conjunto de aves que vuelan en formación como si fueran un solo organismo. Todos hemos admirado alguna vez la imagen de estos pájaros recorriendo miles de kilómetros en disposición de flecha, con cada ejemplar aprovechando la corriente generada por el que va delante para ahorrar energía y sostener el ritmo del grupo. Y es que la naturaleza no desperdicia recursos. Las aves se relevan en la punta cuando el líder se fatiga, se comunican con graznidos breves que ajustan la posición y detectan depredadores mucho antes gracias a la vigilancia compartida. Aquí no hay discursos motivacionales en pleno vuelo ni correos con recordatorio de objetivos. Hay algo más esencial: coordinación efectiva y rumbo compartido. Esa es la clave que permite a la bandada llegar más lejos de lo que jamás podría lograr un individuo en solitario.

Muchas organizaciones sueñan con funcionar de forma parecida, mediante equipos sincronizados que conviertan el esfuerzo individual en un resultado común. Pero ese sueño no se sostiene únicamente con la voluntad ni con la suma de talentos particulares. Hace falta un engranaje que mantenga unidas las piezas incluso cuando aparecen turbulencias. El especialista en gobernanza Peter Dahler-Larsen no solo bautizó este engranaje, sino que también estableció un paralelismo muy elocuente: «La cultura organizacional es el verdadero pegamento que junta y sostiene una empresa». Sin ese pegamento llamado *cultura*, la bandada se dispersa en cuanto sopla el primer viento cruzado.

El día a día, sin embargo, juega en contra. En una de sus viñetas más memorables, Quino dibujó a Mafalda con gesto de resignación mientras pensaba: «Como siempre, lo urgente no deja tiempo para lo importante». Y pocas frases describen mejor lo que ocurre con la cultura en muchas organizaciones. Todo el mundo reconoce su importancia, pero cuesta encontrar el tiempo para definirla con rigor, transmitirla con coherencia y aplicarla con constancia. Entre la presión operativa y la urgencia permanente, es habitual que la cultura acabe reducida a un texto vistoso en la página web, pero sin incidencia efectiva en la agenda diaria ni en los proyectos prioritarios. Y así, lo que debería ser el hilo conductor de la organización puede convertirse en decorativo, de manera que esté siempre presente en el discurso, pero demasiado ausente en la práctica.

Dicho esto, conviene aclarar bien a qué nos referimos cuando hablamos de cultura. Utilizaremos el término para describir el conjunto de criterios y hábitos compartidos que orientan el comportamiento de las personas en una organización. Esta definición coincide con la que proponía Edgar

Schein, profesor emérito del MIT y uno de los grandes referentes en la materia, quien describía la cultura como «el conjunto de supuestos y creencias aprendidas sobre los cuales las personas basan sus conductas diarias». Pero Schein añadía un matiz decisivo: la cultura no se impone, se aprende; y se transmite menos por decreto que por práctica y ejemplo. En otras palabras, una cultura es genuina cuando se encarna (empezando por la dirección) y cuando se traduce en decisiones concretas.

Beneficios: lo que ocurre cuando el pegamento existe

El primer beneficio de una buena cultura es la cohesión y la coherencia en la acción. Cohesión, porque alinea a personas y equipos alrededor de un sentido compartido, evitando órdenes continuas. Coherencia, porque establece criterios comunes que previenen contradicciones desgastantes, como proclamar que «el cliente es lo primero» mientras se incentivan prácticas que lo perjudican. Lego, la compañía danesa de juguetes de construcción, consiguió superar una profunda crisis a principios de los 2000 redescubriendo y transmitiendo de nuevo su esencia cultural: «Inspirar y desarrollar a los constructores del mañana». Ese redescubrimiento permitió que diseñadores, ingenieros y comerciales entendieran de nuevo no solo qué hacían, sino por qué lo hacían.

El segundo beneficio es la transmisión del oficio y de la forma de trabajar. En las empresas pequeñas ocurre casi de manera natural, porque la proximidad con los fundadores hace que el «cómo se hacen aquí las cosas» se aprenda por ósmosis. Pero cuando la organización crece, ese mecanismo se rompe si no se profesionaliza: las nuevas incorporaciones llegan sin código compartido, las prácticas divergen y aparecen islas de criterio. La empresa de transportes Serveto, con sede en Lleida, lo supo detectar a tiempo. Los hermanos Sisco y Josep, segunda generación al frente, han pilotado con solvencia un crecimiento que les ha permitido duplicar el negocio en pocos años. Sin embargo, también vieron que la forma de trabajar heredada de su padre (y que había sido parte esencial del éxito) corría el riesgo de diluirse. Por eso decidieron impulsar un proyecto específico para anclar la cultura corporativa y garantizar su transmisión en el futuro.

De aquí se desprende un tercer beneficio: la capacidad de escalar sin perder el alma. Una cultura clara libera a los directivos de la supervisión constante y otorga autonomía responsable a los equipos. Así, crecer no significa multiplicar controles, sino extender criterios. Mercadona, la cadena de supermercados española, lo demuestra bien. Desde las ocho tiendas iniciales en Valencia hasta los más de 1600 establecimientos actuales, el crecimiento ha sido posible porque existe una base cultural consistente, capaz de asegurar coherencia en cada nueva apertura. Su fundador, Juan Roig, lo resume con frase magnífica: «Quien tiene un modelo tiene un tesoro».

El cuarto beneficio es el sentimiento de pertenencia. Y es que la cultura atrae y fideliza talento porque ofrece algo que trasciende el salario: un propósito al que contribuir y una comunidad atractiva a la que pertenecer. Ese vínculo genera confianza, que a su vez favorece el aprendizaje y la innovación. En tiempos de incertidumbre, actúa, además, como ancla emocional, recordando quiénes somos cuando todo lo de alrededor cambia. Patagonia, la marca estadounidense de ropa *outdoor*, lo ha convertido en su seña de identidad. Su cultura de activismo medioambiental no solo fideliza clientes, sino que convierte a sus empleados en embajadores convencidos, capaces de defender la empresa con orgullo.

Dicho de otro modo: la cultura no es un adorno reputacional, es una infraestructura invisible que sostiene el desempeño, la transmisión del oficio, la escalabilidad y el sentido de pertenencia. Pero ¿cómo se construye esa infraestructura vital? Pues una buena forma de empezar es pensando y diseñando cuatro piezas esenciales, con el objetivo de convertirlas en prácticas vivas: el propósito (para qué hacemos las cosas), la misión (a qué nos dedicamos), la estrategia (cómo llevaremos a cabo la acción) y los valores (quién encarna los principios de la organización).

Pero, antes de entrar en más detalles, conviene hacer un apunte necesario, y es que en el mundo del *management* hay cierto lío terminológico. Distintos autores llaman «visión», «propósito» o «razón de ser» a cosas parecidas. Y la misión, por ejemplo, unas veces designa el para qué y otras el qué. Así que, a lo largo del libro, usaremos los términos con coherencia interna, pero sin pretender que coincidan al milímetro con toda la literatura existente.

Propósito: el para qué

El propósito es el corazón de la cultura. Contesta a una pregunta crucial: ¿para qué existe esta organización más allá de para ganar dinero? Puede sonar obvio, pero no lo es. Muchas compañías, cuando se les plantea, responden con frases vacías que podrían servir para cualquier sector tipo «para ser líderes en innovación» o «para aportar soluciones sostenibles». Pero el propósito auténtico debe ser específico, inspirador y creíble.

Inspirador, porque conecta la rutina diaria con un impacto mayor que da sentido al trabajo. Creíble, porque, si es puro *marketing*, acaba generando rechazo en los empleados y desconfianza en los clientes. Y específico, porque no puede sonar igual que el de cualquier competidor: debe reflejar la singularidad de la empresa.

Un buen ejemplo lo encontramos en Batech, una pequeña empresa de moda barcelonesa que ha logrado un éxito notable con sus polos y camisas gracias a un propósito muy firme: «Facilitar el día a día de las personas a través de la ropa inteligente». Esa claridad es la que orienta la comodidad de sus diseños, la apuesta por materiales transpirables y la elaboración de tejidos antiarrugas, consiguiendo así un producto muy reconocible y valorado por sus clientes. Por tanto, el propósito no es un lujo reservado a grandes multinacionales, sino una brújula útil para organizaciones de cualquier tamaño.

Otro caso ilustrativo es el de Heura Foods, una *start-up* fundada en 2017 con un propósito muy claro: «Cambiar el actual sistema alimentario por uno más sostenible, saludable y nutritivo». Una guía que está presente en todas sus decisiones estratégicas, desde el desarrollo y la comercialización de productos 100 % vegetales hasta su política de innovación e inversión. El propósito, además de marcar el rumbo, se ha alineado con algunas tendencias sociales del momento, y se ha convertido así en motor de crecimiento y diferenciación. De aquel primer cliente en un pequeño local del barrio del Poble-sec de Barcelona, Heura ha pasado a estar presente en más de diez países y ha logrado generar una comunidad de consumidores comprometidos que ven en la marca algo más que un producto.

En definitiva, el propósito, cuando está bien definido, funciona como estrella polar. Ayuda a mantener el rumbo de la organización y a crear un horizonte compartido que da sentido al esfuerzo diario. En palabras de Viktor Frankl, el psiquiatra austríaco superviviente de los campos de concentración nazis, «quien tiene un porqué verdadero encontrará casi siempre el cómo».

Misión: el qué

Si el propósito es el para qué, la misión responde al qué hacemos. Aquí conviene ser más pragmáticos, ya que la misión debe delimitar el terreno de juego, es decir, la parcela concreta en la que la empresa compite. Y hacerlo bien es clave, porque la misión no solo ayuda a explicar la actividad al exterior, sino que también es una herramienta de gestión que orienta prioridades y concentra recursos.

De hecho, una empresa sin misión definida corre el riesgo de la hipertrofia, una patología que aparece por querer abarcarlo todo, y que provoca la dispersión y disolución del organismo. Una misión bien acotada, en cambio, da libertad dentro de unos límites, ya que permite a los equipos innovar sabiendo qué temas son centrales y cuáles no corresponden.

El caso de Trioteca, la *fintech* barcelonesa fundada en 2017 por Sara Orra y Ricard Garriga, lo muestra bien. La compañía nació para mejorar, con ayuda de la tecnología, la experiencia de encontrar una hipoteca. Tras varios años de crecimiento, sus fundadores vieron que esa cultura inicial corría riesgo de diluirse y decidieron reforzarla. Así formularon su propósito: «Tú encuentra el hogar perfecto, nosotros lo hacemos realidad». Inspirador, realista, fiel a la idea original. Y su misión: «Ofrecemos las mejores condiciones financieras a las personas que deseen contratar o revisar una hipoteca, facilitando la comprensión del proceso y empoderando para la toma de decisiones». Concreta, clara, operativa. Esa distinción les ha permitido sostener el rumbo incluso cuando la empresa ha experimentado la mayor expansión. Un segundo ejemplo lo ofrece Ikea. Su propósito puede parecer un tanto abstracto: «Crear un mejor día a día para la mayoría de las personas». Su misión, en cambio, se traduce en «ofrecer muebles y accesorios para el hogar con buen diseño, funcionales y asequibles». Una claridad que les ayuda a escalar globalmente sin perder foco, siempre fieles a la idea de democratizar el diseño del hogar.

También Médicos Sin Fronteras ilustra bien la distinción. El propósito de la organización aporta el marco conceptual: «Preservar la vida y aliviar el sufrimiento de otros seres humanos». Y su misión ayuda a parcelar el terreno de acción: «Asistimos a personas amenazadas por conflictos armados, violencia, epidemias o enfermedades olvidadas, desastres naturales y exclusión de la atención médica». Esa combinación entre inspiración y concreción los mantiene en la coherencia, a pesar de trabajar en escenarios extremos.

En definitiva, la misión nos dice qué debemos hacer (y, en consecuencia, también identifica lo que es preferible rechazar). Al delimitar el perímetro de acción, aparece el principal argumento para decir «no» a proyectos que distraen, aunque sean tentadores en el corto plazo. Y ese poder de negarse es lo que permite concentrar energías y generar excelencia en lo que sí corresponde. ¡He ahí el gran valor de la misión!

Estrategia: el cómo

Una estrategia bien construida es la que consigue traducir propósito y misión en líneas de acción concretas, prioridades claras, renuncias necesarias y métricas verificables. No se trata solo de decidir qué queremos lograr, sino de ordenar cómo lo haremos en la práctica. Y conviene subrayar algo importante: toda estrategia auténtica lleva implícitos los valores de la organización, porque la manera de ejecutar las decisiones revela siempre lo que realmente se considera esencial.

Ahora bien, definir una estrategia no es un ejercicio sencillo. Requiere mucha reflexión y también un marco de referencia que ayude a ordenar el debate. En este sentido, resulta especialmente útil el modelo propuesto por John Mackey y Raj Sisodia en su libro *Capitalismo consciente.* Y es que su planteamiento rompe la falsa dicotomía entre rentabilidad económica y responsabilidad social, al proponer una visión integradora: cualquier organización debe crear valor para seis grupos de interés (clientes, trabajadores, proveedores, sociedad, medio ambiente e inversores) entendidos no como compartimentos estancos, sino como un sistema interdependiente. Porque, como advierte Bill George, profesor de Harvard, poner en primer lugar el interés inmediato del accionista es un error que tarde o temprano pasa factura. «Sin buen servicio al cliente, sin personas motivadas y sin innovación, el valor financiero acaba por destruirse», asegura George.

Un buen ejemplo es el caso de Whole Foods Market, empresa estadounidense de distribución, especializada en alimentación natural y ecológica, considerada uno de los referentes fundacionales del capitalismo consciente. Desde sus orígenes, la compañía ha formulado de manera explícita el valor que aspira a generar para cada uno de sus grupos de interés, apoyándose en una lógica clara de reciprocidad: cuando todos los actores del sistema ganan, el proyecto empresarial se fortalece en el largo plazo. Así, ofrece a los clientes productos saludables, de alta calidad y con altos estándares de transparencia. A los trabajadores, autonomía, participación y condiciones que fomentan el compromiso y el sentido de pertenencia. A los proveedores, relaciones estables y justas orientadas al crecimiento compartido. A las comunidades en las que opera, contribución al bienestar local y a economías más resilientes. Al medio ambiente, un modelo basado en la sostenibilidad, la agricultura responsable y la reducción del impacto ecológico. Y a los inversores, una rentabilidad sostenible que no se construye a costa del resto de *stakeholders*. Un enfoque genuinamente holístico que convierte los principios en criterios de gestión y orienta, de forma coherente, la toma de decisiones cotidianas.

La estrategia, en definitiva, no puede quedar en manos de unos pocos ni convertirse en un documento olvidado en un cajón. Necesita ser reflexionada y compartida, y hacerlo con vocación integradora. La lógica del capitalismo consciente ofrece aquí una pauta muy valiosa, porque alienta a pensar la empresa como un sistema que crea valor simultáneo para todos sus grupos de interés. Y esto, llevado a la práctica con convicción, puede ser un motor muy potente para cualquier cultura corporativa.

Valores: el quién

El cuarto pilar de la cultura son los valores, que no deben confundirse con una lista decorativa de virtudes genéricas. En realidad, representan una apuesta decidida por las personas que queremos tener en nuestros equipos, porque son ellas quienes encarnarán los principios de la organización en la práctica cotidiana. Definir valores es, por tanto, acotar perfiles y señalar con claridad qué tipo de actitudes buscamos y cuáles no tienen cabida. Así que la inversión más productiva en este terreno no es redactar un decálogo brillante, sino rodearse de buenas personas capaces de sostenerlo con coherencia.

Esta idea ha acompañado a pensadores de distintas épocas. François Rabelais lo expresó en el siglo XVI con una advertencia que sigue vigente: «La sabiduría no entra en un alma maliciosa, y el conocimiento sin conciencia es solo la ruina del alma». Cinco siglos más tarde, el neurocientífico Howard Gardner lo resumió en una frase contundente durante una entrevista para *La Vanguardia*: «Una mala persona no llega nunca a ser un buen profesional». Su razonamiento era claro: se puede acumular riqueza o pericia técnica sin principios éticos, pero la excelencia solo llega cuando el talento se orienta al bienestar de los demás. La tradición oral también lo explicó con una metáfora poderosa. Según una vieja leyenda de los indios cheroquis, dentro de cada persona conviven dos lobos: uno hecho de resentimiento, mentira y prepotencia, y otro formado por bondad, alegría y esperanza. Cuando un niño preguntó cuál de los dos acabaría venciendo, el abuelo respondió con claridad: «El que decidas alimentar». Hacer el bien, en la práctica, consiste en alimentar al lobo correcto con pequeñas decisiones responsables que, con el tiempo, configuran el verdadero valor personal y profesional.

En la empresa sucede lo mismo. Ser buena persona no es ingenuidad, sino una militancia exigente. Supone enfrentarse al cinismo y a las inercias de quienes ya alimentan al otro lobo, y también resistir la tentación de responder con la misma moneda a las decepciones que inevitablemente surgen en cualquier organización. Como suele recordarse, nunca hay que dejar de ser una buena persona por culpa de las malas personas.

En última instancia, los valores solo tienen sentido cuando orientan conductas reales. Por eso deben aparecer en los procesos de selección, en las conversaciones de desarrollo y en los gestos cotidianos que moldean la vida de la organización. Una cultura se sostiene en personas que actúan con coherencia y que, a través de su ejemplo, marcan el tono de lo que la institución considera aceptable y valioso. Cuidar los valores es cuidar a quienes los encarnan y garantizar que cada decisión se alinea con la identidad que se quiere preservar.

En este sentido, si recuperamos la metáfora de las aves migratorias, podemos ver hasta qué punto una cultura bien cuidada marca la diferencia. Ningún miembro de la bandada destaca por sí solo, pero todos comparten un modo de volar que les permite sostener la formación. Las organizaciones que progresan con solidez funcionan de un modo parecido, porque encuentran una forma común de trabajar que da continuidad al proyecto y ayuda a sostenerlo cuando llegan las turbulencias. Y esa cultura gana consistencia cuando se alimenta del conjunto de competencias colectivas que abordaremos en los próximos capítulos, configurando un entramado que refuerza el rumbo y permite avanzar más lejos y durante más tiempo.

Segunda competencia
La gobernanza: porque la organización no es el organigrama

Marissa Mayer es una de las ejecutivas más reconocidas del sector tecnológico en los Estados Unidos. Fue la empleada número veinte de Google y tuvo un papel clave en algunos de sus grandes hitos, ya que lideró el diseño de la página del buscador, impulsó el salto a Gmail y coordinó el lanzamiento de Google Maps. Su trayectoria simbolizaba el éxito de la primera generación de líderes en Silicon Valley. Por eso, en 2012, cuando aceptó convertirse en CEO de Yahoo! para revertir la deriva de la compañía, el fichaje se interpretó como un golpe de efecto. Una directiva brillante, en el mejor momento de su carrera, al frente de una empresa con recursos financieros y una marca mundialmente conocida. Todo invitaba al optimismo. Sin embargo, la historia acabó en decepción. Yahoo! no logró remontar, los resultados siguieron empeorando y en 2017 tuvo que ser vendida a la baja, con la salida de Mayer como epílogo inevitable.

La pregunta se repitió en muchos análisis: ¿cómo es posible que una profesional de tanto talento fracasara en una compañía con músculo y notoriedad global? Aunque las explicaciones rara vez son monocausales, la mayoría coincidió en señalar el mismo obstáculo: la gobernanza. Yahoo! padecía un sistema de gobierno desordenado, con órganos de decisión poco claros, dinámicas internas viciadas y prioridades cambiantes por intereses cruzados. No había un marco de reglas sólido que permitiera ejecutar un plan estratégico con continuidad. Y Mayer, a pesar de su capacidad, quedó atrapada en esa maraña.

La anécdota ilustra bien la tesis de este capítulo: una organización no se reduce a su organigrama. Y es que el esquema gráfico que reparte áreas, funciones y jerarquías es necesario pero insuficiente. Lo que acaba determinando la eficacia real de una empresa es su gobernanza, entendida como el *modus operandi* que regula cómo se interactúa, cómo se decide y cómo se avanza. El organigrama es el esqueleto; la gobernanza, los órganos que le dan vida y movimiento.

Ese *modus operandi* tiene una doble dimensión. Por un lado, la práctica cotidiana: quién reporta a quién, qué responsabilidades se delegan, cómo se organizan las reuniones o con qué criterios se aprueban proyectos. Por otro, la dimensión más intangible: el tono con el que se discrepa, la confianza que se concede al delegar o la calidad de la escucha en los espacios colectivos. Ambas dimensiones se necesitan mutuamente, porque las reglas explícitas no funcionan sin un clima cultural que las respalde, y los buenos valores quedan en nada si no se traducen en mecanismos de decisión claros.

La propia Mayer lo ha demostrado. Tras dejar Yahoo! fundó Sunshine, una compañía dedicada al desarrollo de aplicaciones de inteligencia artificial para mejorar la productividad personal. Allí, con un sistema de gobernanza que ella misma diseñó, ha vuelto a obtener reconocimiento y éxito. Su trayectoria confirma que, sin gobernanza, ni el mejor talento ni el capital más abundante aseguran el porvenir.

En resumen, toda organización se apoya en dos piezas que le dan forma y sostén. Por un lado, el organigrama, que permite ordenar responsabilidades y clarificar funciones. Por otro, la gobernanza, que define el modo en que las personas interactúan, deliberan y toman decisiones. Una sin la otra queda incompleta. Juntas, en cambio, articulan la vida colectiva de la empresa.

Con esta idea clara, podemos dar un paso más y pasar del plano conceptual al operativo. Lo haremos en dos etapas. En primer lugar, exploraremos cuatro pasos imprescindibles (y secuenciales) para trazar un organigrama que sea un instrumento vivo al servicio de la acción. Y, a continuación, abordaremos las principales reglas de buen gobierno que ayudan a que las organizaciones avancen con mayor eficiencia y eficacia.

El organigrama: cuatro pasos para diseñarlo con sentido

Uno de los errores más frecuentes en las empresas es precipitarse a dibujar un organigrama sin haber hecho antes el trabajo de fondo. El gráfico puede quedar impecable, con líneas bien trazadas y cargos cuidadosamente etiquetados, pero, si no refleja unas decisiones clave sobre el modo de organizarse, acaba siendo un documento decorativo más que una guía de funcionamiento. Así que, antes de plasmar una estructura en un papel, conviene recorrer un itinerario de cuatro pasos que ordenan la lógica del organigrama y lo convierten en una herramienta útil.

El primer paso es, ni más ni menos, definir el alcance de la organización. Relacionado con la misión y la estrategia que hemos explicado en el capítulo anterior, aquí se trata de decidir qué procesos forman parte del corazón de la empresa y deben desarrollarse internamente. Esta reflexión permite identificar si es necesario incorporar áreas como *marketing*, operaciones, tecnología, finanzas o recursos humanos, pero también clarifica qué actividades quedan fuera del tablero. Algunas podrán subcontratarse porque no son estratégicas, mientras que otras, sencillamente, no se harán porque no aportan valor al modelo de negocio. Esta decisión es más relevante de lo que parece, ya que marca con nitidez la frontera entre lo esencial y lo accesorio.

El segundo paso consiste en convertir esos procesos en áreas de gestión. Cada proceso relevante debe encontrar su espacio en un área claramente delimitada, con responsabilidades bien definidas y con un anexo operativo que especifique las funciones de cada equipo. Al hacer esta traducción de procesos a áreas estamos determinando, de hecho, qué piezas tendrán más relevancia dentro de la empresa. No es lo mismo una compañía de distribución, que suele dar un peso central a las áreas de operaciones y logística, que una empresa digital, en la que la tecnología puede ocupar hasta tres áreas de gestión. En cambio, en otras organizaciones, esos mismos procesos pueden estar englobados dentro de un área más amplia y convivir con funciones secundarias. La decisión, por tanto, no solo ordena, sino que prioriza en función de la estrategia. Ahora bien, esta segmentación debe evitar caer en la tentación de los compartimentos estancos. La clave está en que las áreas mantengan una lógica de coordinación y colaboración permanente, de modo que la especialización no derive en aislamiento.

El tercer paso es establecer los niveles jerárquicos y la cadena de mando. No basta con decidir cuántos peldaños habrá entre la base y la cúpula, sino que también hay que reflexionar sobre dónde nace la autoridad y cómo se despliega en la organización. Porque no es lo mismo una empresa familiar, en la que los órganos de mando están vinculados a la propiedad, que una compañía cotizada en bolsa, en la cual existen consejos de administración y un escrutinio más estricto de los accionistas, o una institución pública, con sus particularidades normativas y de control. De este diseño dependerán la agilidad de las decisiones, la claridad de las responsabilidades y, en buena medida, la confianza entre niveles. Además, se trata de un aspecto que incidirá directamente en otras competencias colectivas, como la política retributiva, ya que los niveles jerárquicos suelen marcar diferencias salariales y expectativas de carrera.

El cuarto paso consiste en dibujar el organigrama. No es un simple ejercicio gráfico: es la primera gran decisión sobre cómo se gobernará la organización. Un organigrama funcional, por ejemplo, ordena la estructura por especialidades y resulta eficiente en entornos estables. Un organigrama matricial combina funciones y proyectos, ofreciendo flexibilidad, pero también mayor complejidad de gestión. Y un organigrama circular busca representar relaciones horizontales, aunque en la práctica requiere de igual manera mecanismos claros de autoridad. Ningún modelo es universalmente superior, pero lo importante es que el diseño elegido refleje con honestidad la estrategia, los valores y el modo de gobernar que la organización desea cultivar.

Primera regla: diferenciar entre explotación y exploración

Una vez concretado el organigrama, la primera clave de una buena gobernanza reside en comprender que toda empresa debe gestionar dos grandes parcelas de manera simultánea. Tal y como apunta James G. March, profesor de la Universidad de Stanford y uno de los grandes teóricos del *management* contemporáneo, las organizaciones necesitan, por un lado, una lógica orientada a la explotación, que consiste en ejecutar bien lo conocido, optimizar procesos y extraer valor del modelo actual. Pero, por otro, también hay que impulsar una lógica de exploración, vinculada a los proyectos de innovación, que persigue experimentar y construir nuevas respuestas para un entorno cambiante. Ambas parcelas (explotación y exploración) son esenciales para la sostenibilidad de la organización, pero no siempre se lideran con el mismo rigor ni se equilibran de forma consciente. Para compaginar bien estas dos lógicas, es necesario definir con claridad tres roles distintos. El primero es el de los ejecutores, es decir, las personas que trabajan en la operativa diaria y se encargan de que la organización funcione. Su misión es asegurar que cada tarea prevista se lleve a cabo con solvencia y puntualidad, manteniendo en marcha la maquinaria del día a día. El segundo es el de los responsables de proyectos de innovación, habitualmente conocidos como *project managers*, cuya especialidad es transformar ideas en realidades concretas. Ellos pilotan los cambios que garantizan el futuro, desde el rediseño de un servicio hasta la creación de un nuevo producto. Y el tercero, menos frecuente en las empresas, es el de los especialistas de procesos. Su papel es capital: diseñan la manera de trabajar de los ejecutores (definiendo los estándares compartidos) y, al mismo tiempo, analizan de forma sistemática la operativa para detectar qué mejoras deben convertirse en proyectos de innovación. Son, en suma, el puente imprescindible entre el presente y el futuro.

Un ejemplo ayuda a entenderlo. Pensemos en un fabricante de automóviles de la marca Seat-CUPRA. Las fábricas y sus equipos representan la operativa: allí se garantiza que los coches salgan de la cadena de montaje con calidad y a tiempo. Los especialistas de procesos definen cómo debe organizarse cada fase, desde la recepción de materiales hasta el pintado final, y estandarizan las mejores prácticas para que se apliquen en todas las plantas de manera uniforme. Y los responsables de innovación se ocupan de transformar en proyectos concretos las mejoras detectadas por esos especialistas, como puede ser la incorporación de una nueva línea de motores eléctricos para responder a una tendencia emergente del mercado. Sin esta coordinación entre las tres parcelas, la compañía corre el riesgo de volcarse únicamente en producir más coches hoy y quedar rezagada cuando cambie la demanda de mañana.

Cuanto más definidos y separados estén estos tres roles, más fácil será clarificar la organización, priorizar los recursos y dosificar los esfuerzos. Todas las empresas reconocen la importancia de la operativa diaria y suelen dedicar la mayor parte de sus recursos a ella. Sin embargo, es un error común descuidar la parcela de innovación, como si el futuro pudiera esperar. Y todavía es menos habitual otorgar suficiente relevancia al rol de especialista de procesos, a pesar de que es el que da coherencia al conjunto y convierte la mejora continua en un hábito y no en una reacción puntual. Lo ideal es que cada rol sea desempeñado por personas distintas, de modo que se evite caer en el sesgo de priorizar siempre lo urgente por encima de lo importante. Pero si las circunstancias obligan a que una misma persona deba asumir un doble rol (por ejemplo, un director de operaciones que también lidere los proyectos de innovación), al menos debería existir la conciencia y el compromiso de darle el mismo peso a ambas funciones. Y eso implica exigir con el mismo rigor tanto los resultados de la operativa como el cumplimiento de los proyectos de mejora.

En el caso de los responsables de procesos, su papel será desarrollado con más detalle en el capítulo dedicado a la gestión de procesos, ya que representa un ámbito poco comprendido y, a la vez, fundamental para dar estabilidad y proyección a las organizaciones. De momento, basta con subrayar que ninguna gobernanza sólida puede prescindir de este rol.

Por último, queda una decisión organizativa que cada empresa debe resolver a su manera: si conviene que los responsables de procesos y los *project managers* tengan departamentos específicos o si es preferible que estén integrados dentro de las áreas operativas. Las experiencias son diversas y no existe una fórmula única. Lo que de verdad marca la diferencia no es tanto dónde ubicarlos en el organigrama, sino reconocer explícitamente los tres roles y concederles la importancia que merecen. Porque si todos los esfuerzos se centran en el pan de hoy, corremos el riesgo de quedarnos sin el pan de mañana.

Segunda regla: ¿quién despacha con quién?

En toda organización, gran parte de su eficacia no depende de la estrategia ni de los recursos, sino de cómo se relacionan sus miembros en el día a día. Tener claro quién habla con quién, a través de qué cauces y con qué nivel de autoridad puede parecer un asunto secundario, pero en realidad es una de las bases de la gobernanza. Cuando estas reglas no existen, o cuando son ambiguas, el resultado es siempre el mismo: proliferan los malentendidos y la energía colectiva se desperdicia en resolver conflictos que podrían haberse evitado.

La anécdota de un alto directivo de una multinacional de reparto de comida a domicilio lo ilustra bien. Con voluntad de mostrarse cercano y moderno, instauró la norma de que cualquiera podía entrar en su despacho en cualquier momento. Al principio sonaba inspirador y generaba simpatía. Pero pronto se dio cuenta de las consecuencias: no podía atender el volumen de peticiones, los mandos intermedios se sentían desautorizados y la información circulaba sin orden ni jerarquía. Lo que parecía un gesto de apertura se convirtió en un foco de desorganización y terminó afectando de manera directa al rendimiento colectivo. Aquel directivo finalmente tuvo que rectificar. Y es que la experiencia demuestra que en gobernanza lo que suena bien no siempre funciona bien.

Por eso cada organización necesita definir sus propias reglas de interacción. No se trata de encorsetarse con normas innecesarias, sino de establecer un marco común que garantice fluidez y evite fricciones. Aunque cada empresa pueda adaptarlas a su cultura y estilo directivo, hay dos principios de buen gobierno que conviene preservar. El primero es respetar la cadena de mando que refleja el organigrama. Porque, cuando alguien se la salta, los responsables intermedios pierden autoridad y se genera confusión. Solo si cada persona sabe con claridad quién supervisa su trabajo y a quién debe dirigirse para resolver necesidades concretas, puede haber un liderazgo efectivo y una distribución real de responsabilidades.

El segundo principio es potenciar la interlocución directa allí donde tiene sentido: entre homólogos de distintos departamentos y entre superiores o subordinados dentro de un mismo equipo. Lo que conviene evitar, por tanto, son las líneas diagonales, esas peticiones cruzadas que sortean los canales naturales de decisión. Imaginemos un director de *marketing* que pide a un técnico de TI una modificación en el sitio web. A primera vista parece una gestión ágil, pero pronto surgen las ineficiencias: el técnico debe consultarlo con su jefe, este regresa al director de *marketing* para entender bien la necesidad y, tras decidir, vuelve a su subordinado para autorizar la tarea. Una cadena que consume tiempo y energía. ¿No habría sido más simple que el director de *marketing* lo hubiera hablado directamente con su homólogo de TI y este, a su vez, con su técnico?

En consecuencia, expresiones como «mi despacho está abierto a todos» o «aquí cualquiera puede hablar con cualquiera» pueden sonar frescas y desinhibidas, pero con frecuencia producen justo lo contrario de lo que prometen. No aportan agilidad, sino dispersión. No empoderan a los equipos, sino que los desorientan. Porque la verdadera eficiencia no reside en multiplicar accesos informales, sino en asegurar que las reglas de interacción son pocas, claras y respetadas.

Tercera regla: reuniones sí, pero bien organizadas

«Menos reunirse y más trabajar». Este es uno de los mantras más utilizados a la hora de menospreciar los ejercicios de reflexión grupal y contraponerlos con otros cometidos de carácter más productivo. Son afirmaciones que hoy en día hacen fortuna, ya que las reuniones de trabajo no pasan precisamente por su mejor momento. No están de moda. Y una muestra fehaciente es que muchas organizaciones han tenido que adoptar anglicismos estrafalarios para evitar pronunciar la palabra maldita: reunión.

Hemos llegado a este punto porque en los últimos años se ha hecho un uso abusivo de las reuniones de trabajo y, en muchos casos, sin ni siquiera dotarlas de unas reglas mínimas que garantizaran su buen funcionamiento, cosa que las ha convertido en una fuente inagotable de desperdicio de recursos. De hecho, según un estudio que realizó la consultora Brain & Company, se calcula que las empresas dilapidan un 15 % de su tiempo en reuniones improductivas.

Pero la alternativa a esta situación no pasa por demonizar las reuniones ni suprimirlas ni llamarlas *meetings*. El gran reto es mejorarlas. Porque los encuentros profesionales bien organizados sirven para cuestiones tan esenciales como idear estrategias, desarrollar proyectos o captar opiniones. Además, son el espacio idóneo para construir inteligencias colectivas que permitan incentivar el pensamiento y orientar la acción.

En este sentido, existen algunas buenas prácticas que conviene tener en cuenta a la hora de organizar una reunión de trabajo, ya que la metodología puede acabar siendo el elemento verdaderamente diferenciador. La primera es un liderazgo claro. Siempre debe haber alguien que asuma la responsabilidad de prepararla, conducirla y cerrarla. Sin esa figura, las reuniones se convierten en zonas de irresponsabilidad compartida, donde todo el mundo habla, pero nadie decide.

La segunda buena práctica es la composición. La tentación de convocar a más gente de la necesaria está muy extendida, ya sea por miedo a excluir o por adicción a la información. Pero la eficacia depende de la selección: solo deberían asistir quienes puedan aportar valor real. En una empresa textil catalana, el director general inicia cada reunión preguntando a los presentes por qué están allí. Los que no pueden responder con claridad regresan a sus tareas. No se trata de autoritarismo, sino de respeto al tiempo colectivo.

La tercera buena práctica es la preparación. Ninguna reunión debería improvisarse. Convocar con antelación, fijar un orden del día y compartir la documentación previa permite centrar el debate en lo esencial y llegar con los deberes hechos. La espontaneidad es valiosa, pero la claridad lo es aún más.

La cuarta es la dinamización. Porque moderar no consiste solo en repartir turnos, sino en garantizar que todas las voces relevantes se escuchen. Las mejores reuniones son las que combinan ritmo y diversidad, las que dan espacio a los más reservados y contienen a los más locuaces. Pilita Clark, columnista del *Financial Times*, lo resumió con una regla tan sencilla como efectiva: «Hay que hablar solo si tienes algo relevante que decir».

La quinta buena práctica es la formalización de acuerdos. Si las conclusiones no se concretan por escrito, el valor de la reunión se diluye en la memoria selectiva de cada participante. Es imprescindible cerrar cada sesión con decisiones claras, tareas asignadas, responsables identificados y plazos definidos. Un acta bien hecha no es un trámite administrativo, sino el puente entre la deliberación verbal y la concreción operativa.

Y la última tiene que ver con el tiempo. Steve Jobs decía que toda buena reunión debía tener tres personas, tres temas y treinta minutos. La idea es inspiradora, aunque no debe tomarse al pie de la letra. Una reunión breve puede ser estéril y otra más larga, enormemente productiva. Lo esencial no es la duración, sino el propósito y el método.

En definitiva, las reuniones no son un mal necesario, sino el principal espacio de gobernanza colectiva. Bien dirigidas, bien compuestas, bien preparadas, bien dinamizadas, bien cerradas y bien medidas en el tiempo, se convierten en el foro donde la organización piensa y decide al unísono. Son, al fin y al cabo, el lugar donde la inteligencia colectiva toma cuerpo.

Cuarta regla: delegar bien para empoderar de verdad

En la literatura de la gestión empresarial, son cada vez más recurrentes las analogías con el mundo *casteller*.[1] Y es que la imagen de torres humanas permite simbolizar de una forma muy gráfica valores tan relevantes como el esfuerzo, la pasión, la generosidad o el espíritu de equipo. Sin embargo, todas las fotografías de *castellers* que se utilizan en múltiples charlas y conferencias tienen una cosa en común: que nunca aparece el jefe del equipo.

Esto ocurre porque el director del grupo (conocido como *cap de colla*) no participa directamente en la construcción de la obra, sino que siempre está en un segundo plano, puesto de pie al lado de su gente, observando la evolución del *castell* y dando algunas instrucciones de última hora, siempre con la vocación de ayudar a culminarlo, pero

---

1. Un *castell* es una torre humana tradicional catalana, construida por equipos llamados *colles*. En su base se sitúa la *pinya*, que aporta estabilidad y apoyo; el *cap* de colla es la persona que dirige y coordina la construcción; y la *enxaneta* es el niño o niña que culmina el castell al subir a la parte más alta.

sabedor de que el secreto del éxito está en todo el trabajo realizado previamente.

Así pues, estaría bien que las instantáneas que se insertan en los PowerPoint ampliaran un poco más el foco y enseñaran también al responsable máximo de los *castells*, como muestra de un líder que pone todo su conocimiento técnico al servicio de la causa colectiva, coordinando a las personas de forma magistral y confiándoles plenamente la ejecución decisiva. De hecho, la figura del *cap de colla* sería un ejemplo paradigmático del arte de saber delegar. Y la verdad es que no sobran referentes en este campo. Tal y como explican los profesores J. Ignacio Canales y Carlos García en un artículo titulado *No encargue tareas, delegue responsabilidades*, la mayoría de los directivos experimentan una gran paradoja, y es que no dotan a sus equipos de la autonomía que sí consideran apropiada para ellos mismos. «Entre un 70 % y un 80 % de los encuestados no querrían tenerse a sí mismos como superiores, lo que equivale a decir que les disgusta su propio modelo de gestión», aseguran los autores.

En este sentido, la clave principal para delegar con eficacia tiene que ver con la interiorización de un principio básico de gestión, que es la diferencia entre liderar personas y llevar temas. Es bien sabido que cualquier directivo tiene que compaginar la implicación en determinados asuntos de su incumbencia con la dirección del equipo humano que le reporta. Pero lo que no siempre se entiende es que son vasos comunicantes, y que el incremento de tiempo dedicado a capacitar a las personas provoca la progresiva disminución de esfuerzos relacionados con las cuestiones operativas (y viceversa).

Es una cuestión lógica, ya que el ejercicio de delegar siempre se sustenta sobre el pilar de la confianza, que no aparece por generación espontánea, sino que se va cimentando a base de tiempo compartido. Así que es necesario crear espacios de reflexión y diálogo, que contribuyan al alineamiento mental entre los líderes y los integrantes del equipo. Pueden ser reuniones departamentales, seguimientos individuales o jornadas de formación (o la suma de todas ellas). La cuestión es metodizar y periodizar interacciones de calidad, como una inversión imprescindible para empoderar a las personas y prepararlas para asumir nuevos retos.

Una vez fortalecida la confianza y armonizados los criterios, la otra clave para delegar con éxito consiste en conceder un margen de autonomía en la forma de trabajar de cada persona. Porque delegar implica encomendar una responsabilidad y centrar la expectativa en el resultado, pero permitiendo que cada uno recorra su propio camino, sin inmiscuirse en exceso. En este sentido, la cultura (esa primera competencia colectiva que da sentido al conjunto) actúa como un marco que orienta sin asfixiar. Cuanto más claro es ese horizonte compartido, más libertad pueden ejercer las personas dentro de él. Paradójicamente, una cultura bien definida amplía el espacio para la autenticidad y reduce la tentación directiva de imponer aquella temida máxima: «Aquí se hace a mi manera».

Sería interesante ver una presentación de PowerPoint con la imagen surrealista de un *cap de colla* que intentara reforzar la *pinya*, subir a los pisos superiores y levantar la mano de la *enxaneta*. Podría servir como espejo cruel. O como píldora para recordar que los buenos líderes no crean seguidores, sino nuevos líderes.

Quinta regla: la fuerza de la amabilidad

Durante su etapa universitaria, el escritor Francesc Miralles pasaba los veranos trabajando como camarero en un bar de *camping*. Tal como ha contado en varias ocasiones, cada vez que se acercaba un cliente a la barra, debía elegir entre tres opciones: tratarlo con indiferencia, hacerlo con malas maneras o recibirlo con amabilidad. «Decidí instalarme siempre en la tercera opción, porque me di cuenta de que generaba un impacto realmente positivo en los demás», explica. Aquella experiencia le enseñó algo esencial: la amabilidad es una decisión consciente que transforma las relaciones humanas.

Ese mismo principio puede trasladarse al mundo de las organizaciones. La forma en que las personas se tratan entre sí determina la calidad de la gobernanza. Una empresa puede tener procedimientos impecables, jerarquías bien definidas y reuniones perfectamente planificadas, pero, si el tono que impregna las interacciones es áspero o desconsiderado, la eficiencia se desmorona. La amabilidad actúa como una forma de gobierno silenciosa que establece la temperatura emocional de una organización y condiciona su capacidad para cooperar, discrepar y avanzar sin fracturas.

Aun así, persiste el falso mito que asocia la amabilidad con la blandura profesional, como si la cortesía restara autoridad. Pero, en realidad, sucede lo contrario. Las organizaciones más exigentes y competitivas suelen ser también las que mejor cuidan las formas. No porque rehúyan el conflicto, sino porque lo gestionan con respeto. La amabilidad no excluye la firmeza; la hace sostenible. Jacinda Ardern lo demostró durante su mandato en Nueva Zelanda, combinando empatía y determinación. Su ejemplo recuerda que la fuerza del liderazgo, y por extensión de cualquier institución, no se mide por los decibelios ni por la rigidez jerárquica, sino por la capacidad de inspirar, coordinar y sumar voluntades.

La psiquiatra y divulgadora Eva Ritvo ha documentado con datos elocuentes que los entornos amables aumentan la motivación y mejoran la retención del talento. Según sus estudios, los equipos que se sienten cuidados pueden mejorar hasta un 37 % el clima laboral y elevar la productividad más de un 10 %. Pero más allá de los porcentajes, hay un valor intangible aún más decisivo: la seguridad psicológica. Cuando las personas saben que pueden expresarse sin miedo a la humillación o a la represalia, florece la creatividad, se corrigen los errores a tiempo y se consolida la confianza mutua. Esa es, en esencia, la base de una buena gobernanza.

Ser amable, sin embargo, no es una cualidad innata, sino una práctica deliberada. En aquel bar de *camping*, Miralles comprendió que hay que ejercitarla cada día, porque las tentaciones de pasarse al lado oscuro de la grosería aparecen con facilidad. En esos momentos de debilidad conviene recordar la frase de la escritora Brianna Wiest: «Las emociones son temporales, pero los comportamientos son permanentes». Un arrebato de mal humor puede disiparse pronto, pero el daño que deja una palabra hiriente o un gesto despectivo puede tardar mucho en repararse.

La poeta Carol Ann propuso una bella metáfora para ilustrar esta idea: la teoría del papel arrugado. Las relaciones humanas se construyen sobre la confianza, simbolizada en una hoja blanca que al principio está lisa, pero que puede irse arrugando con cada experiencia negativa, como un comentario fuera de lugar o un correo impertinente. Lo que debe saber cualquier profesional, sea cual sea su posición, es que un papel arrugado nunca vuelve a su forma original. La amabilidad, en cambio, es la mejor manera de mantenerlo intacto.

No existe un manual único de la amabilidad organizativa, pero sí una actitud compartida: tratar a los demás con respeto, incluso bajo presión. Escuchar antes de juzgar, discrepar sin herir, agradecer el esfuerzo ajeno, pedir sin imponer. Son gestos sencillos que, cuando se vuelven hábito, cambian la cultura de una empresa. Porque el tono es el aire que se respira en una organización.

En conclusión, la gobernanza es el engranaje que traduce la estrategia en acción y la cultura en comportamiento. Da forma al día a día y establece el ritmo de la organización.

Pero, como hemos visto, no se limita a definir jerarquías ni a ordenar procesos. También incluye la manera en que se interactúa, se coopera y se convive. Por eso, más que un conjunto de normas, la gobernanza es un lenguaje compartido. Hay otros aspectos que también pertenecen a su territorio, aunque por su relevancia les daremos un tratamiento específico. La comunicación interna, por ejemplo, es un pilar esencial de la buena gobernanza, ya que conecta las distintas capas de la organización y alimenta la confianza mutua. Sin embargo, por su complejidad y alcance la abordaremos como una competencia colectiva autónoma, con entidad propia. Lo mismo ocurre con los criterios de toma de decisiones. Forman parte del ADN de la gobernanza, pero los desarrollaremos con más detalle en el capítulo dedicado a la dirección de proyectos, donde veremos cómo seleccionar, priorizar o descartar iniciativas de innovación.

Tercera competencia
La comunicación interna: menos *newsletters* y más transparencia

En 1975, la psicóloga Ellen Langer describió por primera vez un sesgo cognitivo tan frecuente como inadvertido: la ilusión del control. Según esta profesora de Harvard, las personas tendemos a creer que nuestras acciones influyen en resultados que, en realidad, están completamente fuera de nuestro alcance. Es la misma lógica que nos hace pensar que elegir los números de la lotería aumenta nuestras posibilidades de ganar o que ponernos cierta camiseta ayuda a que nuestro equipo marque más goles. Una ficción reconfortante, pero ficción al fin y al cabo.

Esa ilusión también se manifiesta en el mundo de la empresa. A veces los equipos directivos creen estar al mando, convencidos de que su liderazgo orienta el rumbo colectivo, cuando en realidad la organización avanza por pura inercia. Es el síndrome del volante desconectado: el conductor gira a la derecha, pero el vehículo sigue hacia la izquierda. Y mientras tanto, el piloto se felicita por su habilidad, sin advertir que ya no tiene control sobre el trayecto.

Las causas de este fenómeno son diversas. A veces responde a la existencia de contrapoderes fácticos (normalmente instalados en mandos intermedios) que, por miedo a perder influencia, neutralizan cualquier cambio significativo. Son los guardianes del *statu quo*, esos perfiles que elogian cada nueva iniciativa mientras se ocupan de cortar discretamente las correas de transmisión. Pero, con mayor frecuencia, la ilusión del control proviene de algo más sencillo y más común: la falta de comunicación interna.

Porque, para que una organización gire a la derecha, primero hay que asegurarse de que todos sepan que hay que girar a la derecha. Sin un sistema de comunicación transparente y constante, los mensajes estratégicos se diluyen, las decisiones se descontextualizan y las personas acaban moviéndose por intuición o por rumor. En ese vacío informativo florecen las interpretaciones, los silencios, los miedos..., en definitiva, el terreno fértil de la desconfianza.

Así que la comunicación interna, tantas veces considerada la hermana menor de la externa, es en realidad el sistema nervioso de la organización. Es lo que permite que las señales del cerebro lleguen a las extremidades sin distorsión, que las intenciones se traduzcan en acciones, y que las decisiones viajen con transparencia por todos los niveles. Cuando falla, no hay músculo que funcione bien.

Y aquí no estamos hablando de publicar un boletín mensual con noticias amables y fotos de eventos, puesto que el alcance de la comunicación interna es mucho más profundo: desde traducir la estrategia en comprensión, hasta crear sentido compartido, pasando por sincronizar el trabajo de los equipos. Así que las empresas que entienden la envergadura de esta competencia colectiva son las que no esconden ni monopolizan la información. Más bien todo lo contrario, se aseguran de que circule con naturalidad, fortaleciendo la confianza y multiplicando la velocidad de ejecución.

En definitiva, el liderazgo efectivo no consiste en sacar *newsletters* y sofisticar los canales digitales, sino en comunicar mejor. Y comunicar mejor empieza por derribar la ilusión del control: asumir que una organización solo avanza unida cuando todos saben hacia dónde se dirige y por qué.

La lógica del río descendente

Entre las muchas virtudes de *El Señor de los Anillos*, hay una que suele pasar inadvertida: el papel determinante que juega la comunicación interna. La trilogía de Tolkien cuenta una historia coral en la que conviven elfos, humanos, enanos y hobbits, distintos en naturaleza, pero unidos por un mismo propósito. El éxito de la misión no depende solo del coraje individual, sino de la capacidad para coordinar esfuerzos y compartir información esencial. En ese contexto, el Concilio de Elrond, celebrado en Rivendel, representa un punto de inflexión, ya que allí se reúnen los líderes de todos los pueblos para entender bien el proyecto y sellar una alianza común. Después de mucho debatir, cada representante sale convencido del objetivo y regresa con la responsabilidad de alinear a los suyos. Así empieza realmente la gran travesía: con un ejercicio ejemplar de comunicación interna. De esa misma convicción nace la lógica del río descendente. La información, para ser útil, debe fluir desde el punto donde se toman las decisiones hasta todos los niveles de la organización, de manera estructurada y coherente. El recorrido empieza en el órgano directivo, del que debería surgir un acta con las conclusiones principales y los acuerdos alcanzados. Tal como hemos explicado en el capítulo dedicado a la gobernanza, ese documento no es un trámite burocrático, sino la primera corriente del río: un compendio de decisiones, mensajes y prioridades que deben transmitirse al siguiente nivel.

En los siguientes tramos, los responsables intermedios tienen la tarea de trasladar esos mensajes a sus equipos, asegurando que la información desciende con claridad y en el momento oportuno. Este enfoque conecta con el modelo de «comunicación en cascada», desarrollado por el investigador Hartmut Hübner, quien sostiene que la información corporativa tiene que circular como una cadena ordenada y progresiva, de modo que preserve el sentido original de las decisiones y minimice vacíos o interpretaciones arbitrarias.

Esta dinámica requiere dos virtudes organizativas poco espectaculares pero esenciales: corresponsabilidad y disciplina. La primera, porque comunicar no es solo tarea de la alta dirección o de un departamento en concreto, sino un deber compartido por todas las personas con equipos a su mando. La segunda, porque el flujo de información exige coordinación de calendarios y una frecuencia regular, para evitar que los mensajes se deformen, lleguen tarde o se pierdan por el camino. Y es que, cuando un solo tramo del río se interrumpe, todo el cauce se resiente.

De hecho, una práctica contrastada para sostener este flujo informativo ordenado consiste en armonizar el formato de las reuniones de equipo. En la exitosa obra *Scaling Up*, el empresario y asesor de crecimiento Verne Harnish subraya la importancia del *meeting rhythm*, una cadencia estructurada de reuniones que aporta foco común y reduce la dispersión. Bajo este planteamiento, los encuentros arrancan con los mensajes estratégicos que sitúan el contexto y recuerdan las prioridades compartidas. Después se abordan las cuestiones relacionadas con las personas, se revisa la evolución de los objetivos y se analiza el estado de los proyectos en curso. Cuando esta pauta se consolida en todos los niveles, la organización gana cadencia y fiabilidad, y el conjunto empieza a funcionar con la precisión de un reloj suizo.

En cambio, cuando la lógica de río descendente se interrumpe, las consecuencias pueden ser desastrosas. Pensemos en un caso habitual en muchas organizaciones: la implantación de una nueva solución tecnológica. Su objetivo puede ser mejorar la productividad, la calidad o el servicio, pero el verdadero éxito acabará dependiendo, más que de las bondades de la herramienta digital, de la comprensión y el compromiso de las personas que la implementarán y utilizarán.

En algunas compañías, el director de TI celebra con entusiasmo la aprobación del proyecto en el comité de dirección y da por hecho que el mensaje llegará al resto de la organización. Semanas después descubre que nadie ha informado adecuadamente a los departamentos implicados, que los responsables intermedios lo perciben como una imposición ajena y que los equipos operativos lo ven como una amenaza a su rutina. Nadie entiende el propósito del cambio ni el papel que debe desempeñar en él, y lo que debía ser una mejora estratégica acaba convertido en un foco de resistencia y frustración.

El desenlace es muy distinto cuando la comunicación interna acompaña al proyecto desde el inicio. En este caso, el comité de dirección actúa como un bloque coherente, transmite mensajes alineados a los niveles inferiores y se asegura de que cada área entienda el sentido del cambio y los beneficios esperados. Los mandos intermedios se implican en la explicación y la motivación de sus equipos, y las dudas o los temores se abordan antes de que se transformen en resistencia. El resultado es un proceso exigente, pero fluido: el nuevo sistema se implementa con el apoyo de todos, y la organización avanza unida hacia un mismo objetivo.

En este sentido, el Concilio de Elrond nos deja una lección poderosa: cuando la información fluye con transparencia, la misión deja de ser un mandato para convertirse en una causa compartida.

Los salmones del *feedback*

El río de la comunicación interna no puede limitarse a fluir en una sola dirección. Para mantenerse vivo, necesita también salmones capaces de nadar aguas arriba y minerales que enriquezcan el agua a su paso. Comunicar bien no consiste solo en informar, sino también en escuchar. Ambas corrientes se complementan, ya que una transmite la visión y la otra aporta realidad. Sin ese equilibrio, el caudal se estanca y la organización pierde sensibilidad con su propio entorno.

El cuento del rey desnudo ilustra de manera magistral lo que ocurre cuando el flujo ascendente de comunicación se interrumpe. Narra la historia de un monarca al que unos embaucadores convencen de que visten una tela tan fina y exclusiva que solo las personas inteligentes pueden verla. El rey, temeroso de parecer necio, finge admirar el tejido inexistente, y sus súbditos hacen lo mismo, hasta que desfila desnudo por las calles y un niño, desde su inocencia, grita lo que todos piensan, pero nadie se atreve a decir. Esa parábola resume con precisión lo que sucede en muchas organizaciones, cuando la gente teme hablar y la dirección acaba liderando una ficción colectiva.

Por eso, el reto de las organizaciones maduras no es solo comunicar con claridad, sino también garantizar que la verdad pueda circular hacia arriba. Y no basta con apelar a la sinceridad o confiar en la buena voluntad: hay que diseñar mecanismos que la hagan posible. El *feedback* ascendente debe integrarse en la estructura de comunicación interna mediante espacios que faciliten el intercambio honesto y constructivo. Ya hemos explicado que las reuniones de área bien dinamizadas pueden ser un excelente punto de partida si se aseguran turnos de palabra y se fomenta la participación de todos. Asimismo, empresas como Decathlon o Netflix han demostrado que también son útiles las entrevistas de seguimiento bidireccionales o las valoraciones de 360º (en las que la persona recibe *feedback* de superiores, homólogos y colaboradores). En la misma línea, otras organizaciones potencian encuentros informales en los que los directivos conversan con sus equipos, por ejemplo, tomando un café o compartiendo un espacio distendido que facilite la confianza. En todos los casos, lo importante es establecer un formato que asegure la constancia y la credibilidad del proceso.

Kim Scott, en su obra *Franqueza radical*, ofrece un marco útil para comprender esta necesidad. Según su planteamiento, la comunicación eficaz combina dos actitudes esenciales: preocuparse genuinamente por las personas y atreverse a desafiarlas. Cuando una de las dos falta, aparecen entornos disfuncionales. La empatía ruinosa, en la que se evita el conflicto y se frena el progreso. La insinceridad manipuladora, que consiste en decir lo que conviene para quedar bien. O la agresividad ofensiva, que confunde la exigencia con el autoritarismo. Solo en el cuadrante de la franqueza radical (cuando se dice la verdad con respeto y se escucha con apertura) puede florecer una comunicación interna madura, capaz de sostener una cultura exigente sin perder la humanidad.

Así pues, hay que partir de la premisa de que escuchar fortalece el liderazgo y lo hace más consciente. Porque las organizaciones que aprenden a recoger *feedback* convierten esa corriente ascendente en una fuente de conocimiento y realismo. Los salmones que remontan el río, junto con los minerales que enriquecen el agua, simbolizan la energía que mantiene viva la corriente y renueva su equilibrio. Cuando esa retroalimentación se integra de manera natural en los cauces formales de comunicación, la organización se vuelve más lúcida y más comprometida. Y, sobre todo, evita convertirse en un reino donde todos ven el problema, pero nadie se atreve a nombrarlo.

Canales digitales y procesos ordenados

Después de entender cómo debe fluir la información (aguas abajo para transmitir las decisiones y aguas arriba para recoger la realidad), queda una última cuestión igual de importante: poner orden en el cauce. Porque de poco sirve tener un río vivo si se desborda a cada instante o si cada afluente sigue su propio rumbo. La comunicación interna necesita estructura, porque solo el orden permite que el flujo sea constante y útil.

En muchas organizaciones, la comunicación interna se percibe como algo espontáneo, casi orgánico. Se da por hecho que hablar, informar o reunirse son acciones naturales que no requieren diseño ni arquitectura. Sin embargo, esa es una ilusión peligrosa. Comunicar también es un proceso, y como todo proceso necesita ser definido, analizado y mejorado. Lo que ocurre es que rara vez se le aplica esa mirada sistemática, como si bastara la buena voluntad para que el mensaje llegue a su destino.

Por eso, del mismo modo que en otras áreas existen especialistas de procesos encargados de diseñar los flujos de trabajo, la comunicación interna también necesita una figura que vele por su eficacia. No estamos hablando de convertirla en un mecanismo rígido, sino de darle coherencia. Conviene definir los espacios en los que se comunican las cuestiones importantes, establecer su periodicidad y concretar una metodología que garantice que la información fluya en el momento y en la dirección adecuados. Porque cuando esto no existe, cada equipo improvisa sus propios canales y ritmos, lo cual provoca una especie de cacofonía organizativa que genera confusión.

Esta necesidad de orden se hace especialmente visible en el ámbito digital. En apenas unos años, las herramientas tecnológicas han colonizado la comunicación interna con una velocidad vertiginosa. Zoom, Teams, Meet, Hangouts, Slack o Jitsi, que en enero de 2020 eran prácticamente desconocidas, forman hoy parte de la rutina de millones de profesionales. A ellas se suman canales más tradicionales, como el correo electrónico, el teléfono, WhatsApp o las redes corporativas. En consecuencia, muchas empresas conviven con una amalgama de plataformas superpuestas y sin jerarquía clara, lo que provoca un exceso de mensajes circulando por tierra, mar y aire. Esta sobreabundancia genera descontrol y estrés, pero también una improductividad invisible. Diversos estudios estiman que cerca del 30 % del tiempo laboral se pierde en tareas inútiles, a menudo provocadas por interrupciones constantes y comunicaciones mal gestionadas. De ahí la importancia de ordenar los canales digitales, eligiendo los más adecuados y definiendo con claridad su propósito, sus usuarios y sus contextos de uso. En una organización en la que existen especialistas del proceso de comunicación, estas cuestiones no quedan al azar. Por ejemplo, se determina con claridad la frecuencia de las reuniones del comité ejecutivo, la forma en que la información fluye hacia los equipos, el momento en que el CEO se dirige al conjunto de la plantilla, los canales más apropiados para las interacciones cotidianas o las herramientas digitales estandarizadas para reuniones y proyectos. También se decide qué documentos deben permanecer accesibles de manera permanente. De este modo, la comunicación se convierte en un sistema coherente y previsible, que reduce el ruido y refuerza la confianza.

En ese contexto, las omnipresentes *newsletters* pueden ser un gran complemento. De hecho, son un medio muy atractivo para informar y, a la vez, cohesionar. Pero hay que entender que no bastan por sí solas. Una buena comunicación interna exige método y compromiso. Y ese compromiso empieza en la alta dirección, que no debe percibir la transparencia como una fuente de riesgos o de vulnerabilidad, sino como una palanca de confianza. Porque la información compartida fortalece los vínculos y evita que los vacíos comunicativos se llenen de rumores o malentendidos. Como advertía el recordado Carles Capdevila, allí donde falta información suelen aparecer los «dinamitadores» de las organizaciones, esos expertos en rellenar con chismes los huecos que deja el silencio. Por eso, comunicar con transparencia no debilita el liderazgo, sino que lo legitima. En definitiva, menos *newsletters* y más transparencia.

Cuarta competencia
Gestión por procesos: estandarizar para mejorar

«Todo lo que haces resuena tan fuerte que no deja escuchar lo que dices». La célebre frase del filósofo Ralph Waldo Emerson es una invitación permanente a buscar inspiración en personas que construyen sus mensajes sobre una buena base de acciones y experiencias reales. En este sentido, el empresario José Elías se ha convertido en una de las referencias más singulares del ecosistema emprendedor de nuestro país, porque sus reflexiones directas y transgresoras están avaladas por una trayectoria que arranca en un barrio de las afueras de Badalona y desemboca en un grupo empresarial de más de un centenar de compañías distribuidas por sectores muy diversos.

En una entrevista reciente emitida en la televisión pública catalana, le preguntaron si puede dormir tranquilo sabiendo que tiene 45 000 trabajadores bajo su responsabilidad. Y su respuesta no dejó indiferente a nadie: duerme ocho horas diarias con mucha más calma que cuando solo tenía cuatro empleados. Para explicarlo, recurrió a uno de sus símiles favoritos, el aeronáutico. Según Elías, todas las empresas que crecen atraviesan una franja situada entre los

10 000 y los 20 000 pies, conocida popularmente como la *mierdosfera*, porque en ese espacio se concentran las nubes, las turbulencias, los pájaros, la falta de visibilidad y, en general, todos los inconvenientes para volar. Superarla significa alcanzar estabilidad, seguridad y perspectiva.

A partir de esta analogía, las organizaciones que mejor se gestionan son los pequeños ultraligeros, que vuelan bajo y pueden funcionar con liderazgos muy directos, o los grandes Boeing 747, que dejan atrás las turbulencias gracias a su potencia. El problema aparece en las organizaciones medianas que quedan atrapadas en la *mierdosfera*. Ya no pueden gestionarse como una microempresa, pero tampoco han desarrollado aún las estructuras propias de una gran corporación. Si no toman decisiones valientes para ganar altura, terminan instalándose en una dinámica de estrés constante, desgaste permanente y ausencia de resultados tangibles.

Es precisamente aquí donde la gestión por procesos emerge como uno de los elementos más determinantes para escapar de esa zona turbulenta. Muchas organizaciones permanecen atrapadas no por falta de talento, sino por la ausencia de una manera compartida de trabajar. Confían demasiado en las capacidades individuales y demasiado poco en la estandarización de sus actividades. Por eso, uno de los caminos más sólidos para ganar altura consiste en ordenar los flujos de trabajo, clarificar quién hace qué y cómo, y asegurar que cada tarea se ejecuta siempre con un nivel de calidad previsible. Katsuaki Watanabe, expresidente de Toyota, lo sintetizó de forma magistral: «Nosotros obtenemos resultados brillantes con personas de capacidad media que trabajan en procesos brillantes. Nuestra competencia obtiene resultados mediocres de personas brillantes que operan en procesos mediocres. Cuando se encuentran en dificultades, tratan de contratar personas todavía más brillantes. Mientras no cambien de estrategia, lo único que podemos hacer es superarlos».

Aunque la gestión por procesos pueda parecer un concepto técnico reservado a determinados entornos empresariales, en realidad forma parte de nuestra vida más cotidiana. Para tener ropa disponible en el armario cada mañana, antes hay que haber completado cuatro procesos conocidos por todos: lavado, secado, planchado y guardado. Son procesos universales y aparentemente simples, pero si empezamos a comparar cómo los lleva a cabo cada hogar, descubrimos una sorprendente diversidad de métodos. Hay quien separa la ropa por colores y quien solo distingue entre blanco y negro. Hay quien utiliza el mismo programa de lavadora para todo y quien lo adapta según las prendas. Hay quien mide el detergente y quien lo echa a ojo. Hay quien tiende al aire libre, quien usa secadora automática, quien lo plancha todo y quien evita hacerlo siempre que puede.

Y estos matices, que pueden parecer secundarios, son los que acaban determinando la eficacia y la eficiencia de los procesos. El estudio *Coding Wars* ya demostró que la diferencia entre ejecutar bien o mal un proceso puede llegar a ser de 10 a 1, tanto en recursos invertidos como en calidad del resultado. Es la constatación empírica de algo que siempre hemos llamado «el trabajo bien hecho». Y explica por qué muchos sectores están liderados por empresas jóvenes que quizá no inventaron nada revolucionario, pero sí dedicaron tiempo a hacer las cosas un poco mejor cada día. Salir de la *mierdosfera*, en conclusión, requiere un esfuerzo consciente por diseñar procesos claros y replicables, que reduzcan la variabilidad, minimicen errores y permitan que la organización funcione de forma armónica. Porque cuando la manera de trabajar está bien definida, deja de importar tanto quién ejecuta cada tarea y empieza a importar cómo la ejecuta toda la organización. Es entonces cuando una empresa deja de depender del talento individual y comienza a depender de su verdadera inteligencia colectiva.

Los *process owners*, una gran inversión

Llegados a este punto, conviene detenernos un momento para definir qué entendemos exactamente por proceso. Un proceso es, en esencia, una sucesión de tareas que transforman una entrada en una salida distinta. Y el objetivo de la transformación no es otro que aportar valor. Además, para que ese cambio exista, deben intervenir cuatro ingredientes que se entrelazan de manera constante: las personas que ejecutan el trabajo, el método que orienta la forma de proceder, las máquinas que aportan el soporte tecnológico necesario y los materiales que acompañan cada paso.

Una forma muy gráfica de representar esta idea es a través del diagrama de Ishikawa, más conocido como el modelo de espina de pez. La cola sería la entrada; la cabeza, la salida, y las espinas laterales, los cuatro *inputs* principales que intervienen para que el resultado final tenga la calidad deseada. Si el pez nada con armonía es porque personas, métodos, máquinas y materiales están bien definidos y alineados. Pero, cuando alguna de esas espinas está mal diseñada o descuidada, el pez pierde velocidad y acaba desviándose de su rumbo.

A veces creemos que esta manera de pensar solo tiene sentido en entornos industriales o logísticos. Sin embargo, la clave está precisamente en entender que cualquier organización, incluso la más orientada a los servicios, está compuesta de procesos que se ejecutan cada día. Un colegio, un bufete de abogados o una clínica dental viven también de cadenas repetitivas de actividades que convierten entradas en salidas: conocimientos en cursos de formación, problemas en soluciones legales o diagnósticos en tratamientos.

Tomemos un ejemplo sencillo. Pensemos en un servicio de taxi. La propuesta de valor es fácil de describir: transportar a una persona del punto A al punto B con seguridad, puntualidad y confort. Para hacerlo posible, se combinan los cuatro *inputs* de los que hablábamos antes. Están las personas, con el taxista como rostro visible del servicio y responsable de la conducción. Está la máquina, el propio vehículo, con su estado de mantenimiento, su limpieza y su equipamiento. Está el método, que incluye la forma de tratar al pasajero, el respeto a la normativa de circulación, la elección del trayecto, el cobro y la gestión de incidencias. Y están los materiales, desde el combustible hasta los elementos básicos asociados al uso del vehículo.

Cuando este proceso está bien estandarizado, la experiencia del cliente se vuelve mejor. El taxista sabe cómo tratar al cliente y conducir de manera eficiente. El vehículo sigue unos planes de mantenimiento definidos. Y el combustible se compra con criterio. Todo esto, que a menudo se confunde con el sentido común, no es más que gestión por procesos aplicada a un servicio. Y el resultado siempre suele ser doblemente positivo: mejora la calidad percibida y mejora también la estructura de costes.

Por tanto, si aceptamos que cualquier organización se sostiene sobre procesos, aparece una figura clave: la del *process owner*, que es el responsable de cada proceso. Su misión principal es diseñar cómo debe funcionar ese pez, concretando con claridad los cuatro *inputs* y sus interacciones. Definir quién hace qué, con qué herramientas, siguiendo qué método y utilizando qué materiales. Lejos de ser un gasto, se trata de una de las inversiones más rentables que puede hacer una empresa, porque impacta directamente en la forma en que se crea valor cada día.

Mas el trabajo del *process owner* no termina en el diseño. Ahí solo empieza. Su responsabilidad incluye analizar de manera sistemática cómo evoluciona el proceso, no solo a través de los datos que proporciona el sistema informático, sino también, y sobre todo, mediante la observación directa del lugar en el que las cosas suceden. Es lo que la filosofía japonesa denomina *Gemba Walk*, ese hábito de bajar a la arena para ver con los propios ojos cómo se ejecuta el trabajo, hablar con las personas que lo realizan, hacer preguntas incómodas y detectar matices que nunca aparecerán en un informe de indicadores.

De ese análisis continuo nace la otra gran vertiente de su función: la mejora de los procesos. Aquí suelen abrirse tres grandes caminos posibles. El primero, que a menudo olvidamos, es prescindir del proceso. Porque, a veces, la manera más eficaz de optimizar algo es dejar de hacerlo. Con el tiempo se acumulan procedimientos, controles y tareas que quizá tuvieron sentido en su día, pero que han dejado de aportar valor. Mantenerlos vivos consume recursos y genera burocracia. Atreverse a eliminarlos es también una forma de gestionar por procesos.

El segundo camino es la optimización progresiva mediante la mejora continua. Metodologías como el *Lean Management* se centran precisamente en introducir pequeños ajustes, sostenidos en el tiempo, que eliminan desperdicios, simplifican pasos y evitan que el proceso caiga en la obsolescencia. No se trata de grandes revoluciones, sino de ir afinando la cadena de actividades a partir de lo que se observa en el *gemba* y de lo que sugieren las personas que la ejecutan cada día.

El tercer camino llega cuando el proceso ya no admite parches ni retoques menores. Entonces entra en juego la reingeniería, que supone replantearlo desde la raíz. En estos casos, el cambio adquiere dimensión de proyecto: hace falta una planificación específica, recursos dedicados y un enfoque de *project management*, porque ya no hablamos de ajustar una espina del pez, sino de redefinir la estructura completa.

Por todo ello, introducir la gestión por procesos y apostar de verdad por buenos *process owners* no es una moda metodológica, sino una decisión estratégica: significa asumir que la ventaja competitiva de la organización no depende de gestas heroicas ni de golpes de inspiración aislados, sino de la calidad con la que transforma, día tras día, sus entradas en salidas de mayor valor.

Recuperar la mirada de los niños

En muchas organizaciones, la gestión por procesos se concibe como una disciplina técnica reservada a especialistas. Sin embargo, cuando se analiza con calma, se descubre que cualquier *process owner* debería atesorar dos cualidades profundamente humanas que desarrollamos desde la primera infancia: la capacidad de cuestionarlo todo con mentalidad científica y la habilidad de simplificar hasta quedarse con lo esencial. Así que, para ser un buen especialista de procesos, conviene recuperar la mirada de los niños, una mirada que une curiosidad, atrevimiento y honradez, y que puede convertirse en un activo estratégico para cualquier empresa.

Pablo Picasso solía explicar que «le llevó cuatro años pintar como Rafael, pero toda una vida aprender a dibujar como un niño». Su reflexión no era un gesto de falsa modestia, sino una defensa de la simplicidad como culminación del conocimiento. Las obras de su madurez incorporaban esa disociación tan característica, donde el punto de vista único desaparece y los trazos parecen surgir con la espontaneidad del dibujo infantil. Picasso estaba convencido de que los niños poseen una forma desacomplejada y libre de observar el mundo, capaz de preservar lo esencial y despojarlo de artificios. El gran reto, decía, es seguir siendo artista al crecer.

La infancia no solo es un territorio de creatividad, sino también un espacio donde la curiosidad gobierna con naturalidad. Los niños lo preguntan todo: por qué esto, por qué aquello, por qué siempre así. No aceptan inercias ni repiten rutinas sin sentido. Ese impulso por descubrir la causa verdadera de las cosas es, en efecto, la esencia de la mentalidad científica. Salvador Cardús lo enseñaba con maestría en sus clases de epistemología en la Universitat Autònoma de Barcelona. Pedía a los alumnos redactar un análisis sociológico sobre un hecho mediático impactante, por ejemplo, un tiroteo escolar en los Estados Unidos. La mayoría caía en la trampa de elevar la excepción a categoría general y construir grandes teorías sobre violencia juvenil o acoso escolar. Cardús desmontaba el ejercicio con elegancia: episodios tan dramáticos no llegan a repetirse ni una vez al año en todo el mundo, así que no pueden interpretarse como un fenómeno estructural, sino como casos individuales. Lo llamativo no siempre es representativo; el síntoma no explica la causa. La lección es crucial para la gestión empresarial. Sin una mirada rigurosa, es fácil confundir un problema coyuntural con una disfunción estructural, o atribuir a la cultura organizativa lo que pertenece a la conducta de una sola persona. Las empresas pierden tiempo y recursos aplicando soluciones equivocadas porque diagnostican mal. Recuperar la curiosidad infantil es una forma sencilla de evitar este error: preguntar, observar, cuestionar, volver a preguntar. Ir desbrozando las capas hasta encontrar la raíz auténtica del problema, como propone Toyota con la célebre técnica de los cinco «¿por qué?». Esta disciplina de pensamiento marca la diferencia entre atacar consecuencias visibles o transformar verdaderamente los procesos.

Pero la mentalidad científica, por sí sola, no basta. Para gestionar procesos con solvencia también se necesita la habilidad de simplificar. En un mundo donde la complejidad se multiplica, la simplicidad se convierte en un valor cada vez más escaso y apreciado. Pau Garcia-Milà lo entendió de forma precoz. Con apenas 17 años creó EyeOS, un escritorio virtual que se adelantó a la computación en la nube para resolver un problema tan común como olvidarse los archivos en el ordenador de casa. Años después, sigue explorando la misma idea desde otro ángulo: explicar en tan solo un minuto conceptos tan complejos como la inteligencia artificial o la robótica. Detrás de cada vídeo hay un ejercicio impresionante de síntesis que solo es posible porque domina por completo aquello que simplifica. Y es que simplificar no tiene nada de simplón. Steve Jobs repetía que «lo simple puede ser más difícil que lo complejo», y Leonardo da Vinci ya había sentenciado siglos antes que «la simplicidad es la máxima sofisticación». Ambos sabían que la simplicidad exige conocer con profundidad cada elemento y cada relación para separar lo fundamental de lo accesorio. Es la misma lógica que late en el diseño de procesos: no se trata de añadir controles, pasos o documentos, sino de extraer, depurar y ordenar. Un proceso claro no es aquel que lo detalla todo, sino aquel que deja cristalino lo esencial.

Por eso conviene reivindicar esta doble mirada infantil en la gestión por procesos. La curiosidad que cuestiona sin miedo ayuda a entender mejor la realidad organizativa, y la simplicidad que desbroza lo superfluo permite construir procesos más fluidos, eficientes y valorados. La primera evita errores de diagnóstico; la segunda evita errores de diseño. La combinación de ambas da lugar a procesos más inteligentes y, por extensión, a organizaciones más lúcidas.

Quizá, al final, gestionar por procesos consista en algo tan sencillo y tan difícil como volver a mirar el trabajo con los ojos de la infancia. Preguntarse por qué ocurren realmente las cosas y atreverse a dibujarlas con claridad. Allí donde los adultos ven complejidad inevitable, los niños suelen ver caminos. Allí donde algunos ven ruido, ellos reconocen patrones. En esa capacidad de ver lo esencial se esconde uno de los secretos mejor guardados de la excelencia operativa.

Digitalizar solo cuando aporte valor real

La tecnología también ha transformado la manera de entender la gestión por procesos. Cuando una organización busca mejorar su funcionamiento, la tecnología puede convertirse en una aliada formidable, porque facilita información fiable para tomar decisiones, automatiza tareas repetitivas, simplifica la coordinación entre áreas y permite anticipar situaciones que, de otro modo, solo veríamos cuando ya son un problema.

Para abordar esta transformación, resulta útil recurrir a la metáfora de la navaja suiza. Su atractivo reside en que puede hacer muchas cosas, pero precisamente por eso plantea un reto esencial: escoger bien qué herramientas necesitamos de verdad. La navaja suiza se popularizó durante la Segunda Guerra Mundial cuando los soldados estadounidenses desplegados en Europa descubrieron la utilidad de aquel pequeño utensilio rojo que combinaba cuatro funciones muy prácticas: una hoja para defenderse, un abrelatas para los víveres, un destornillador para el fusil y un punzón para reparar las sillas de cuero.

A partir de su éxito en el ámbito militar, los fabricantes suizos Victorinox y Wenger empezaron a producir modelos para uso civil. Cada año aparecían nuevas versiones, cada una más sofisticada que la anterior. El mango rojo pasó de albergar cuatro herramientas esenciales a integrar sacacorchos, sierras, lupas, tijeras, limas o alicates. Más posibilidades y, al mismo tiempo, mayor complejidad.

La historia de la navaja suiza ofrece una buena analogía para entender la digitalización de los procesos. Las soluciones tecnológicas han crecido de forma exponencial en los últimos años y abren oportunidades extraordinarias. Pero del mismo modo que antes de comprar una navaja es necesario saber qué queremos resolver, antes de incorporar tecnología conviene tener claro qué valor esperamos obtener. Si no consumimos vino embotellado, no necesitamos un sacacorchos; si no procesamos conservas, podemos prescindir del abrelatas. Con la digitalización sucede algo parecido.

Por eso cualquier proyecto orientado a integrar nuevas herramientas tecnológicas debería partir de un análisis detallado de los procesos existentes (identificando los puntos débiles, priorizándolos según su relevancia y evaluando en qué casos la tecnología puede aportar soluciones reales). Las herramientas digitales son útiles cuando resuelven un problema concreto, no cuando se incorporan por moda o por presión del entorno.

La evidencia empírica también apunta en esta dirección. Un estudio de la Universidad de Ciencia y Tecnología de Noruega analizó cómo una cadena de tiendas realizaba sus previsiones de demanda y concluyó que introducir un sistema de inteligencia artificial podía reducir el desperdicio alimentario hasta un 20 %. Sin embargo, el mismo estudio demostró que la herramienta solo funcionaba con productos de vida útil superior a 30 días. En el caso de los alimentos frescos no había algoritmo capaz de superar la intuición de los comerciantes. La tecnología ayuda, pero no siempre es la respuesta óptima.

En resumen, cualquier proceso de digitalización debería comenzar con una pregunta sencilla: «¿Para qué la queremos?». La respuesta suele estar en alguno de los grandes beneficios que la tecnología puede aportar a los procesos, ya sea mejorar el bienestar de las personas, facilitar un trabajo más productivo o asegurar un resultado de mayor calidad. Puede parecer una reflexión obvia, pero acostumbra a ser el factor que determina el éxito o el fracaso. Las navajas suizas son caras y deslumbrantes, aunque, si no seleccionamos bien sus herramientas, podemos acabar cortando el salchichón con un destornillador.

Quinta competencia
Dirección de proyectos: el vehículo de la innovación

En la mayoría de las organizaciones, la agenda la dicta lo urgente. Los mercados se mueven rápido, los clientes exigen respuestas inmediatas y la operativa diaria absorbe casi toda la energía disponible. En el capítulo dedicado a la gobernanza ya hemos visto como es lógico que buena parte de la atención se concentre en el pan de hoy, en todo aquello que permite llegar a final de mes. El problema aparece cuando esta dinámica se lleva por delante el tiempo necesario para trabajar el pan de mañana, es decir, los proyectos de mejora, innovación o transformación que garantizarán la supervivencia futura.

Ahí se esconde uno de los grandes dilemas de la dirección contemporánea: cómo sostener la rutina que paga las nóminas sin renunciar a los cambios que harán posible seguir pagándolas dentro de cinco o diez años. La cuestión no es escoger entre presente y futuro, sino aprender a gestionarlos a la vez. Y en este equilibrio tan delicado, la dirección de proyectos se convierte en una competencia decisiva, ya que es el vehículo que permite que las ideas de futuro se traduzcan en resultados concretos.

De hecho, siguiendo la misma lógica que acabamos de ver en la gestión por procesos, aquí también tiene un peso muy importante la capacidad de ejecutar las ideas con excelencia. Según cuenta la leyenda, durante el Imperio romano, los ingenieros de puentes estaban obligados a situarse bajo su propia obra el día de la inauguración, justo en el momento en que se retiraban los andamios y una legión comenzaba a cruzar por la parte superior. La historia sitúa el origen de esta práctica en la construcción del puente Fabricio (año 62 a. C.), que aún hoy conecta la ribera del Tíber con la isla Tiberina. No sabemos si el relato es del todo cierto, pero su valor simbólico es enorme, ya que los romanos entendían que la solidez de un proyecto no dependía de la grandiosidad de la idea, sino de la solvencia a la hora de llevarla a cabo.

De hecho, la civilización romana no destacó por su capacidad de innovación. No inventaron casi nada, pero lo perfeccionaron casi todo. Supieron hacer un uso magistral de técnicas preexistentes, las cuales elevaron a niveles de eficiencia desconocidos hasta entonces. Sus construcciones (puentes, acueductos, anfiteatros...) no solo han resistido los siglos, sino que siguen sirviendo como metáfora de la importancia del cómo por encima del qué.

Y en la gestión empresarial esta distinción continúa siendo esencial. La diferencia entre las organizaciones que perduran y las que se agotan no suele encontrarse en las ideas, sino en la manera en que estas se ejecutan. Según el mapa del emprendimiento elaborado por *Spain Startup*, nueve de cada diez nuevos proyectos empresariales desaparecen antes de los tres años. Y las causa más habitual de esta escasa esperanza de vida no suele ser la falta de oportunidades ni de imaginación, sino la debilidad en la implementación operativa.

La gestión de proyectos (o *project management*) es, en este sentido, una de las disciplinas más poderosas para convertir ideas teóricas en resultados reales. No es un simple conjunto de herramientas para técnicos ni un procedimiento burocrático, sino una manera de entender la relación entre las decisiones y sus consecuencias. Con frecuencia, en las organizaciones invertimos mucho tiempo en debatir si una decisión es acertada o equivocada, cuando lo que realmente importa es lo que hacemos a partir del primer minuto después de tomarla. No se trata de obsesionarse por encontrar decisiones buenas, sino de esforzarse por hacer buenas las decisiones.

Este principio se ilustra con claridad en un episodio reciente del mundo de la moda: mientras Inditex ha apostado por cerrar tiendas físicas y reforzar su presencia digital, Primark ha decidido prescindir por completo del comercio electrónico para concentrarse en el canal tradicional. *A priori*, parecen proyectos estratégicos opuestos. Sin embargo, ambos pueden tener éxito si se ejecutan de forma excelente. Porque la eficacia no depende tanto de la dirección elegida como de la calidad del camino recorrido. Por tanto, aprender a gestionar proyectos con criterio y disciplina no es un ejercicio accesorio, sino una condición necesaria para garantizar la continuidad del negocio.

De las primeras pirámides al pensamiento ágil

Aunque los proyectos existen desde que la humanidad construye colectivamente (como las pirámides de Egipto, los acueductos romanos o las catedrales góticas), la gestión de proyectos como disciplina formal es un fenómeno relativamente reciente. De hecho, el origen moderno del *project management* se sitúa a mediados del siglo xx, coincidiendo con grandes programas de ingeniería y defensa como el Apolo o el Polaris. Aquellos proyectos, que implicaban miles de personas, presupuestos gigantescos y riesgos tecnológicos elevados, hicieron evidente la necesidad de un lenguaje común y de procesos estructurados.

A partir de ese momento, la gestión de proyectos se convirtió en una competencia colectiva clave. El *Project Management Institute* (PMI) la define como «la aplicación de conocimientos, habilidades, herramientas y técnicas a las actividades del proyecto para satisfacer sus requisitos». Y su aportación esencial es la sistematización del cambio: «Un conjunto de buenas prácticas que permiten planificar, ejecutar y controlar transformaciones de manera ordenada, reduciendo incertidumbres y mejorando el aprendizaje colectivo».

En su marco conceptual, un proyecto es un esfuerzo temporal destinado a crear un producto, servicio o resultado único. Las operaciones, en cambio, son las actividades recurrentes que aseguran el funcionamiento diario de la organización. Y esta distinción dicotómica es crucial. Las operaciones se encargan de la rutina, mientras que los proyectos son el motor de su evolución: introducir una nueva tecnología, expandirse internacionalmente, crear una marca o redefinir el modelo de negocio. Sin método, estos proyectos pueden convertirse en intentos fallidos; pero con una gestión rigurosa, se transforman en motores de profesionalización y aprendizaje.

Con el paso del tiempo, la disciplina ha ido evolucionando. Tal y como explica también el PMI, se ha ido abandonando la visión rígida y secuencial de los proyectos, apostando cada vez más por una aproximación más flexible basada en principios y dominios. Esta evolución refleja el impacto creciente de las metodologías ágiles, que nacieron en el ámbito del desarrollo de *software*, pero se han extendido a casi todos los sectores.

Como señala el filósofo François Jullien en su tratado *Conferencia sobre la eficacia*, la cultura occidental ha entendido tradicionalmente la eficacia como la ejecución planificada de un modelo, mientras que el pensamiento oriental la concibe como la capacidad de aprovechar el potencial de cada situación y adaptarse con inteligencia. La primera confía en el control; la segunda, en la fluidez. Esta distinción filosófica ha influido profundamente en la manera moderna de entender el *project management*, que ya no se identifica con los grandes planes inamovibles, sino con la sensibilidad al contexto y la capacidad de respuesta.

Esa misma idea recorre el libro *Gestión de proyectos, agilidad en la práctica* de Antonio Martel, que defiende una gestión ágil y humana, basada en la experiencia y en la capacidad de aprender rápidamente. Además, Martel propone una visión de la agilidad alejada del formalismo técnico y la vincula con la inteligencia colectiva, es decir, con la competencia para escuchar, adaptarse y ajustar el rumbo sin perder de vista la meta. De esta fusión entre estructura y agilidad nace el *project management* contemporáneo, más centrado en cumplir los objetivos que en seguir literalmente la hoja de ruta.

En paralelo, también se ha ido abriendo paso una visión más consciente de los proyectos, que trasciende la dimensión económica inmediata y pone el foco en el impacto global. Tal y como explicamos en el capítulo dedicado a la cultura, las empresas deben generar valor para todos los grupos de interés: clientes, trabajadores, proveedores, sociedad e inversores. Aplicado a la gestión de proyectos, esto implica entender que cada iniciativa es una acción transformadora que afecta a personas y entornos, no únicamente a balances financieros.

Finalmente, la complejidad actual no solo exige gestionar bien un proyecto, sino saber cómo gestionar muchos a la vez sin bloquear el flujo de la organización. En este punto, las aportaciones de Efrat Goldratt-Ashlag en *Las reglas del flujo* son especialmente relevantes. La autora, hija del creador de la teoría de las limitaciones, aplica estos principios a la gestión de proyectos para mostrar que la clave de la eficacia no es hacer más, sino hacer fluir mejor. Y es que, cuando demasiados proyectos compiten por los mismos recursos, el sistema se detiene. Por tanto, hay que aprender a priorizar, secuenciar y cerrar antes de abrir nuevos frentes. Se trata de entender los proyectos como un flujo y no como piezas independientes, cosa que permite evitar el efecto embudo y garantizar que la transformación no colapse la operativa cotidiana.

En definitiva, la historia del *project management* es la historia del aprendizaje humano sobre cómo coordinar esfuerzos colectivos para lograr resultados extraordinarios. Desde los ingenieros romanos hasta los equipos ágiles contemporáneos, la pregunta de fondo sigue siendo la misma: cómo hacer bien las cosas.

Los principios fundamentales del *project management*: el reglamento del juego

Antes de empezar cualquier competición, hay que conocer el reglamento. Nadie puede jugar bien al fútbol si ignora cuáles son los límites del campo, qué es un fuera de juego o cuándo debe señalarse una falta. Con la gestión de proyectos ocurre exactamente lo mismo: antes de entrar en el terreno de juego, hay que entender las reglas que aseguran que el partido se dispute con coherencia y *fair play*.

Estos principios fundamentales del *project management* son, por tanto, el reglamento del juego. Todavía no nos dicen cómo se juega (eso lo veremos en el punto siguiente, cuando hablemos de los procesos), pero establecen las bases de conducta, criterio y actitud que permiten que cualquier proyecto avance con orden y sentido.

En toda organización, estos principios adquieren una relevancia especial, porque no solo orientan la gestión, sino que reflejan valores que suelen formar parte de su propia identidad. De entre todos los que recoge el PMI, podemos sintetizar cuatro que constituyen la esencia de una buena dirección de proyectos.

I) Actuar con ética y respetar las normas.

El primer principio es actuar con integridad. Ningún proyecto puede prosperar si no se fundamenta en un comportamiento ético, tanto en lo relativo al cumplimiento de las leyes como al respeto por los valores de la organización. Podríamos decir que hay dos niveles de compromiso: el nivel obligatorio (legal y normativo) y el nivel voluntario (moral y cultural).

Garantizar ambos niveles exige sistematizar, no improvisar. En este sentido, cualquier proyecto debería pasar por un filtro de *compliance*, ser respetuoso con el código ético de la empresa e, idealmente, evaluado desde la perspectiva de la responsabilidad social corporativa. Esto no solo evita riesgos reputacionales, sino que refuerza la confianza interna y externa.

II) Establecer un buen liderazgo y trabajar en equipo.

El segundo principio es el liderazgo, que es a la vez dirección e inspiración. Siguiendo con el símil deportivo, el coordinador del proyecto es como el entrenador del equipo, es decir, alguien que no lo hace todo, pero que consigue que el conjunto juegue bien.

Para que esto sea posible, es imprescindible empoderar al *project manager*, reconociéndole autoridad real durante la ejecución del proyecto. Si solo es un coordinador sin capacidad de decisión, el proyecto naufraga en la indecisión o en una amalgama de directrices incoherentes. En este sentido, tal y como se ha explicado en el primer capítulo dedicado a las competencias individuales, la investigación ha demostrado que hay tres virtudes que marcan la diferencia en el liderazgo de proyectos: la humildad, el compromiso y el positivismo. La primera permite escuchar y aprender; la segunda garantiza una implicación real; y la tercera contagia perseverancia incluso en momentos de incertidumbre. De hecho, en proyectos largos y complejos, el tono emocional del líder suele ser más determinante que su competencia técnica.

Y en cuanto al equipo, es esencial que sus miembros compartan dos cualidades básicas: predisposición al cambio (porque todo proyecto es, por definición, una transformación) y capacidad de cooperar (porque un proyecto es un esfuerzo coral, transversal e interdepartamental). Sin estas actitudes, los mejores métodos corren el riesgo de desvanecerse.

III) Tener una mentalidad holística y anticipar los efectos secundarios.

Un proyecto nunca es un acto aislado, sino una acción que genera consecuencias. Quizá la mejor forma de entenderlo sea imaginar una mesa de billar, en la que el proyecto es la bola blanca que, al moverse, impacta en otras bolas (los distintos grupos de interés). Saber anticipar cómo y dónde rebotarán es lo que distingue al buen gestor del mediocre.

En un entorno empresarial, esto significa identificar y gestionar los impactos internos y externos de un proyecto: ya sea en las personas, los clientes, los proveedores, el medioambiente o la comunidad. Un proyecto puede ser impecable en el ámbito técnico y fracasar por falta de sensibilidad cultural o social.

Un ejemplo clásico es el contraste entre Mattel y Starbucks en su aterrizaje en el mercado chino. La primera inauguró en Shanghái una tienda de seis plantas dedicada a la muñeca Barbie, reproduciendo exactamente el modelo occidental. La apuesta resultó un fracaso, ya que el concepto no encajaba con los valores ni con las dinámicas de consumo locales y acabó cerrando. En cambio, Starbucks invirtió tiempo en entender el mercado, adaptó la decoración, la oferta y la experiencia de compra a la cultura china, y obtuvo un éxito rotundo. La diferencia no fue la idea (vender café o muñecas), sino la capacidad de entender el ecosistema y el esfuerzo de adaptación.

IV) Focalizar en el valor, con la calidad como elemento irrenunciable.

El cuarto principio es el corazón de la gestión de proyectos: crear valor real. Y eso solo es posible cuando la calidad es innegociable. De hecho, según la teoría del PMI, todo proyecto se mueve dentro de lo que se conoce como la «triple restricción», que está integrada por el tiempo, el coste y el alcance. Cualquier cambio en uno de estos tres elementos afecta de manera inevitable a los otros, y en el centro de este triángulo se encuentra la calidad. El buen gestor entiende que todas estas dimensiones forman parte de su ámbito de responsabilidad, pero también sabe que debe defender especialmente la calidad, ya que de ella depende la solidez del proyecto.

Un episodio histórico ilustra muy bien esta idea: la construcción del barco Wasa, en Suecia, en 1628. Fue un encargo real con plazos imposibles. Los ingenieros sabían que la embarcación era inestable, pero nadie se atrevió a pedir al monarca un aplazamiento de la gran fiesta de inauguración. Así que el Wasa zarpó puntualmente... y se hundió pocos minutos después ante la mirada de todos los asistentes al evento. Habían cumplido el calendario, pero habían traicionado la calidad. Un clásico error de gestión que sigue repitiéndose siglos después.

Los pasos para gestionar un proyecto: de la idea al aprendizaje

Si los principios del *project management* representan el reglamento del juego, los procesos son la manera en que se juega el partido. Es en esta secuencia en la que la teoría se transforma en práctica y las buenas intenciones toman forma de acción. Porque cualquier proyecto, grande o pequeño, público o privado, recorre una lógica muy similar: empezar con una buena propuesta, preparar adecuadamente al equipo, formalizar el compromiso, planificar con criterio, dirigir con inteligencia y cerrar con aprendizaje. Todo comienza con la elaboración de una buena propuesta, que debe presentarse al órgano de aprobación correspondiente (sea el superior directo, un comité de dirección o un cliente final). Es un momento delicado, a menudo subestimado, porque la mayoría de las propuestas se centran en los beneficios del proyecto y olvidan la empatía con quien debe aprobarlo. Convencer no es tanto vender como facilitar la decisión. Por eso una buena propuesta debería responder a seis preguntas esenciales que, bien estructuradas, cabrían perfectamente en seis diapositivas de un PowerPoint: la justificación (por qué es necesario y con qué estrategia u objetivo se alinea), la explicación (en qué consiste), el valor (qué beneficios aportará), el esfuerzo (qué coste implicará), el equipo (quién formará parte o qué áreas estarán implicadas) y la duración (una primera estimación temporal). Con esta información, la persona o el comité que tiene delante puede decidir con criterio y confianza.

Una vez que el proyecto ha sido aprobado, llega el momento de la reunión de *kick-off*, que es una práctica de altísima relevancia. Esta reunión debería reunir a todas las personas implicadas en la ejecución y tiene como objetivo crear una comprensión compartida, generar motivación y alinear expectativas. Y es que la concienciación de los equipos no se produce por arte de magia, sino que requiere tiempo y argumentos. Preparar bien este encuentro puede marcar la diferencia entre un proyecto que arranca con energía y otro que nace con desgana. En el capítulo dedicado a la comunicación interna ya hemos visto como la literatura y el cine nos ofrecen una metáfora perfecta en *El Señor de los Anillos*, y como el destino de esta misión depende de una reunión inicial en la que se define el propósito, se aclaran los roles y se genera el compromiso colectivo que hará posible la travesía.

Después de este arranque, llega el momento de formalizarlo todo en el acta de constitución del proyecto, un documento que es mucho más que un trámite administrativo. No es importante por el papel en sí, sino porque obliga a hacer el ejercicio analítico que da solidez al proyecto. El acta recoge los elementos esenciales (objetivos, alcance, requisitos, equipo, roles y responsabilidades) y, sobre todo, identifica los grupos de interés afectados, clasificándolos según su relevancia y estableciendo estrategias para satisfacerlos o gestionar sus expectativas. También incluye un primer análisis del entorno que permite detectar amenazas y oportunidades. En definitiva, sirve para definir el campo de juego y anticipar posibles imprevistos. Además, en proyectos largos, el acta de constitución tiene un valor simbólico adicional, ya que es el lugar al que se puede regresar para recuperar el espíritu inicial cuando el cansancio o las urgencias cotidianas hacen perder la perspectiva.

El siguiente paso es la planificación del proyecto, la fase más exigente y probablemente la que distingue a un buen gestor de un improvisador. Aquí el *project manager* se gana realmente el sueldo, porque debe transformar la idea general en una secuencia de actividades concretas y abordables.

Una metáfora ilustrativa es la de la sandía: cuando alguien nos encarga un proyecto, es como si nos entregaran una sandía entera (demasiado grande para comérnosla de una vez), pero, si la cortamos con cuidado, en trozos pequeños y ordenados, podemos saborearla y digerirla sin problema. Planificar es, por tanto, aprender a cortar bien la sandía. Para hacerlo, conviene ordenar las actividades según los objetivos del proyecto, asignar responsables, establecer la planificación temporal e incorporar el presupuesto correspondiente. Cuando todo esto se integra en una misma tabla, se convierte en el mapa del proyecto, una herramienta visual que aporta claridad y sentido a todo el proceso.

Planificar no es hacer predicciones infalibles, sino preparar el terreno para adaptarse con inteligencia. Hay que aplicar una lógica conservadora y flexible a la vez (lo bastante realista como para no generar falsas expectativas, pero lo bastante abierta para permitir correcciones sobre la marcha). Las malas planificaciones no solo desvían plazos o costes, sino que erosionan el ánimo de las personas, que son el verdadero motor de los proyectos.

Superadas estas fases de inicio y planificación, entramos en el núcleo del proceso: la dirección del proyecto. El *project manager* debe interiorizar que, durante esta etapa, lleva tres sombreros simultáneamente (lo que el PMI denomina el «triángulo del talento»): el sombrero de líder, porque gestiona personas y necesita habilidades directivas; el sombrero técnico, porque ha de tomar decisiones con conocimiento de causa; y el sombrero estratégico, porque debe garantizar que el proyecto mantenga el alineamiento con la visión global de la organización y el apoyo de los grupos de interés. En este sentido, dirigir un proyecto es combinar método y sensibilidad. Y existen como mínimo tres buenas prácticas que ayudan a mantener este equilibrio. La primera es incorporar metodologías ágiles, estableciendo ciclos cortos de trabajo (los conocidos *sprints*) que obligan a informar y revisar constantemente la evolución del proyecto. La segunda es gestionar los cambios de manera proactiva, dividiendo el proyecto en entregables parciales para que el cliente (interno o externo) pueda validarlos y hacer ajustes progresivos. La tercera es utilizar un *software* de gestión de proyectos (como Asana, Trello o Microsoft Project) que permita coordinar equipos, centralizar la información y dejar rastro de todas las decisiones tomadas. Cuando se utilizan bien, estas herramientas no burocratizan, sino que liberan tiempo y reducen el ruido comunicativo.

Por último, todo proyecto debería terminar con un cierre formal, una fase a menudo olvidada, pero de gran valor. Cerrar un proyecto no es solo darlo por concluido: es reconocer el esfuerzo de las personas que han participado, celebrar los éxitos y documentar los aprendizajes que servirán para mejorar futuros proyectos. En el fondo, es la manera de transformar la experiencia en conocimiento y de reforzar la cultura de aprendizaje de la organización.

La coordinación de proyectos con criterio, foco y seguimiento

Uno de los mayores retos de cualquier organización no es tanto ejecutar bien un proyecto como conseguir coordinar varios a la vez sin colapsar los recursos ni comprometer la operativa cotidiana. Gestionar múltiples proyectos es como dirigir una orquesta con varias partituras sonando simultáneamente, cosa que requiere una sólida armonía si no queremos que el resultado se convierta en ruido. En este escenario, para asumir el desafío con garantías, existen tres elementos que resultan esenciales: seleccionar bien, priorizar con criterio y monitorizar con rigor.

El primero y más importante es la selección de proyectos. Decir que no es una de las decisiones más difíciles en el ámbito laboral, tanto para las personas como para las organizaciones, ya que a menudo se sobrevaloran los riesgos de renunciar y se infravaloran los peligros de asumir demasiados frentes a la vez. Aceptar sistemáticamente todos los proyectos sin filtros cualitativos genera una secuencia tan lógica como nociva: desequilibrio entre recursos y objetivos, imposibilidad de priorizar bien, pérdida de calidad y productividad y, finalmente, deterioro del clima laboral. En definitiva, demasiados proyectos abren el camino al desgaste y la mediocridad.

Para ilustrarlo, puede ser útil la metáfora de la máquina lanzapelotas de tenis. Si alguien nos lanza diez bolas al mismo tiempo, es probable que no devolvamos ninguna; pero si nos centramos en devolver solo dos, una detrás de otra, las impactaremos con precisión. El profesor Gerald Marvin ya demostró que las empresas que diversifican en exceso sus esfuerzos sufren pérdidas de eficacia superiores al 40 %. Por eso, antes de aceptar un nuevo proyecto, hace falta un filtro racional y valiente. Un buen método es el de las cinco preguntas clave, que ayudan a decidir si conviene decir que sí o que no. La primera es simple pero decisiva: ¿puedo decir que no? (hay proyectos que, por motivos normativos o de supervivencia, son ineludibles). Si la respuesta es afirmativa, hay que avanzar: ¿está dentro de nuestra misión? (es decir, ¿forma parte del terreno de juego que hemos decidido ocupar?). La tercera cuestión es: ¿tenemos los recursos necesarios? (una prueba de realismo a menudo olvidada). La cuarta: ¿toca en este momento? (porque los proyectos no existen en el vacío, sino en ecosistemas donde el orden importa). Y, finalmente, si todas las anteriores se han superado, llega la quinta pregunta: ¿la ecuación de valor-esfuerzo es positiva? Este método ayuda a pensar antes de actuar y a preservar la coherencia estratégica. Pero hay que reconocer que el arte de renunciar exige, además, una dosis de coraje.

El segundo elemento de gestión es la priorización, es decir, clasificar los proyectos por su importancia y estado de ejecución. No todos tienen el mismo peso ni la misma urgencia, y ponerlos a todos al mismo nivel es condenarlos a competir por los mismos recursos. Una manera práctica de hacerlo es distinguir cuatro categorías: los proyectos A, aprobados, planificados y vitales (que no pueden detenerse); los proyectos B, también aprobados y planificados, pero no esenciales (que pueden aplazarse o reprogramarse); los proyectos C, aprobados pero pendientes de planificación; y los proyectos D, todavía en fase de discusión (la nevera donde reposan las ideas hasta que llegue su momento). Este tipo de clasificación ofrece un mapa claro de la cartera y facilita la toma de decisiones cuando hay que focalizar esfuerzos o reducir carga.

Por último, el tercer elemento es la monitorización. No basta con iniciar y dirigir proyectos: hay que seguir su evolución y medir sus resultados. Esta evaluación debe responder a dos preguntas simples pero determinantes: ¿se están cumpliendo los objetivos fijados y se está respetando la planificación prevista? (no basta con llegar puntual si no se llega adonde se debía). Esta doble mirada, cualitativa y temporal, permite detectar desviaciones y corregir el rumbo a tiempo.

Es recomendable que dentro de la organización exista alguien con responsabilidad directa sobre esta supervisión. Las empresas grandes suelen disponer de una Oficina de Gestión de Proyectos (PMO), pero en estructuras medianas o pequeñas esta función suele recaer en la dirección general, con el apoyo de alguna persona de confianza. Sea cual sea la fórmula, el mensaje de fondo es claro: los proyectos crean futuro solo si se ordenan sin asfixiar la operativa; objetivos y calendario deben caminar juntos.

La experiencia demuestra que la continuidad de una organización no depende tanto del brillo de una idea como de la calidad con la que se lleva a la práctica. La dirección de proyectos ofrece el lenguaje y el método para recorrer ese camino: convierte la intuición en diseño, el diseño en acción y la acción en aprendizaje. Cuando se adopta con naturalidad (y no como una burocracia ornamental), permite que el pan de hoy siga llegando a la mesa mientras se amasa, con rigor, el pan de mañana.

En última instancia, profesionalizar la gestión de proyectos es una forma muy concreta de profesionalizar también la ambición. Significa aceptar que no basta con querer cambiar las cosas, sino que hay que saber cómo cambiarlas sin dañar lo que ya funciona. Cuando una organización es capaz de seleccionar con criterio, priorizar con serenidad, simplificar la complejidad y defender la calidad incluso bajo presión, entonces el cómo deja de ser un detalle técnico para convertirse en su mejor garantía de futuro.

Sexta competencia
La formación: contra la ignorancia, la inercia y la ideología

En el año 2019, la economista francesa Esther Duflo se convirtió en la segunda mujer galardonada con el Premio Nobel y en la persona más joven en recibirlo. Su trabajo, centrado en la lucha contra la pobreza, destaca por aportar rigurosidad a las políticas públicas, ya que defiende que, antes de movilizar grandes recursos, conviene entender con precisión qué funciona y qué no. Su método se basa en evidencias científicas para determinar si en un territorio es prioritario instalar mosquiteras, promover campañas de vacunación o mejorar las carreteras. Así, nada queda al azar, porque la magnitud de los esfuerzos se establece con base en la claridad del diagnóstico.

En uno de sus ensayos más influyentes, Duflo resume tres fallos recurrentes en las estrategias gubernamentales que, en realidad, pueden observarse en cualquier tipo de organización. Los llama las tres i: ignorancia, inercia e ideología. Tres fuerzas discretas pero persistentes, capaces de erosionar voluntades y limitar la capacidad de crecer.

La primera de ellas es la ignorancia. Surge cuando se desconoce buena parte de la complejidad del entorno o cuando no se tiene acceso a soluciones que podrían mejorarlo. Es un mal silencioso, porque opera desde la ausencia: lo que no se sabe, no se percibe. Afortunadamente, también es el mal con el remedio más evidente: la formación, ya que es capaz de dotar de herramientas intelectuales y de hacer posible interpretar la realidad con mayor solvencia. Pero hay que subrayar que la formación no se limita a los cursos formales, sino que incluye la lectura, las conferencias, los pódcast o cualquier espacio de aprendizaje significativo. En este sentido, diversos estudios señalan que los profesionales deberían dedicar alrededor de un 5 % de su tiempo a formarse, lo que equivale a unas 100 horas al año, que pueden marcar la diferencia entre repetir errores o tomar decisiones más certeras. Porque es bien sabido que la ignorancia solo retrocede cuando el conocimiento avanza.

La segunda i es la inercia, que aparece cuando la presión del día a día lo ocupa todo. La organización queda atrapada en la urgencia operativa y pierde la capacidad de cuestionar sus rutinas. De esta forma, sin espacios para pensar, el *statu quo* se convierte en una frontera invisible difícil de cruzar. Pero aquí la formación también actúa como palanca de cambio, porque no solo transmite conocimiento, sino que introduce nuevas preguntas, nuevas metodologías y nuevas formas de comprender los procesos. De hecho, formarse es una buena manera de detener el piloto automático y recuperar la capacidad de examinar lo que se da por supuesto. Porque, como nos recuerda la cita del histórico consejero delegado de General Electric, Jack Welch, «conviene transformarse antes de que la realidad obligue a hacerlo».

La tercera i es la ideología, entendida como el conjunto de creencias, sesgos y supuestos que todos arrastramos y que condicionan la toma de decisiones. Ninguna persona está libre de esa mirada parcial, que puede limitar la capacidad de ver oportunidades o de interpretar correctamente un contexto. La diversidad es, sin duda, un antídoto poderoso contra esta distorsión, porque introduce perspectivas distintas que amplían el campo visual de la organización. Pero la diversidad solo se convierte en valor cuando las personas están formadas para comprenderla, integrarla y trabajar con ella. La consultora McKinsey señala que los equipos diversos pueden obtener rendimientos hasta un 36 % mejores. Sin embargo, ese potencial solo se despliega cuando existe una cultura de aprendizaje que permite reconocer los propios sesgos, escuchar con apertura y evaluar las ideas por su mérito, no por su afinidad.

Así pues, aunque las tres i parezcan desafíos distintos, comparten el mismo antídoto: aprender. La formación combate la ignorancia porque amplía el conocimiento, combate la inercia porque introduce movimiento donde había parálisis y combate la ideología porque entrena un pensamiento más crítico y más permeable a puntos de vista complementarios. En su conjunto, actúa como una vacuna cultural que protege a la organización frente al estancamiento y la simplificación. Por eso, más que un lujo, formarse es una responsabilidad estratégica que determina la capacidad de una organización para avanzar.

De la curiosidad individual a los tres niveles de formación

Si la ignorancia, la inercia y la ideología se combaten con formación, conviene detenerse un instante en una condición previa que a menudo se pasa por alto. Y es que, para que la formación tenga impacto real, debe existir una disposición genuina a aprender. La experiencia demuestra que no todo el mundo incorpora conocimiento con la misma profundidad, y que hay un factor anterior al método, al contenido o al formato que condiciona el aprendizaje de manera decisiva. Ese factor es la curiosidad.

Diversos estudios en el ámbito de la pedagogía coinciden al señalar el deseo de saber como uno de los motores más potentes del desarrollo cognitivo. Porque la inquietud intelectual actúa como la chispa que pone en marcha el aprendizaje y acaba influyendo en buena parte de las capacidades mentales. Y esta lógica no se agota en la infancia, sino que se prolonga a lo largo de toda la vida profesional.

La curiosidad, que proviene del concepto latino *curiositas*, se define por un interés genuino en obtener nueva información y entender mejor la realidad. Se trata de una virtud con efectos contrastados. Por ejemplo, un informe de

Naciones Unidas titulado *La ciencia de la curiosidad* la describe como una auténtica «superhabilidad», capaz de estimular el desarrollo del cerebro, fortalecer el pensamiento crítico, mejorar la toma de decisiones y aumentar la empatía. En la misma línea, el psicólogo Tomas Chamorro-Premuzic, director de innovación de Manpower Group y profesor en la Universidad de Columbia, sostiene que las personas afrontan la complejidad desde tres coeficientes distintos. Junto al coeficiente intelectual y el emocional, identifica el coeficiente de curiosidad como el que determina las ganas de aprender y, en contextos de cambio, la capacidad real de adaptación y crecimiento.

No es casual, por tanto, que la curiosidad intelectual haya empezado a ocupar un lugar destacado en los procesos de selección. En un entorno marcado por transformaciones constantes, la capacidad de aprendizaje se ha convertido en una cualidad estratégica. Así lo reflejan los datos: según una encuesta elaborada por SAS Institute, un 72 % de los directivos considera ya la curiosidad como una de las habilidades profesionales más valiosas.

Y, más allá de los datos, las personas curiosas suelen reconocerse con facilidad. Porque no se refugian en la experiencia acumulada, sino que exploran nuevas herramientas para entender mejor su entorno. No presumen de títulos pasados, sino que buscan lecturas y formaciones que les permitan mejorar. No se relacionan con las nuevas generaciones desde la nostalgia, sino desde la escucha activa, con el deseo sincero de comprender otros marcos mentales. Y no perciben el futuro como una amenaza, sino como un espacio abierto a posibilidades.

Ahora bien, ya en el siglo XIII, Tomás de Aquino advertía de los riesgos de una *curiositas* superficial, alimentada a partir de fragmentos de conocimiento sin profundidad, sin rigor y sin orden. Una reflexión que resulta sorprendentemente vigente en el contexto actual, en el que la información abunda, pero el aprendizaje profundo escasea. Y es precisamente aquí donde encaja una de las ideas centrales de este libro. Porque si hablamos de competencias colectivas, no basta con seleccionar a personas curiosas ni con confiar en su motivación individual. Las organizaciones también tienen el deber de convertir el aprendizaje en un marco compartido, dotándolo de sentido, coherencia y estructura.

La formación no puede depender únicamente del impulso personal, porque entonces se vuelve desigual y difícilmente transferible al conjunto. Para que se convierta en una verdadera palanca colectiva, una organización debe garantizar distintos niveles de aprendizaje que se refuercen entre sí. El primero es la formación técnica, que permite desempeñar correctamente un puesto de trabajo. Se trata de transmitir los métodos y las herramientas disponibles para realizar las tareas, siempre con el objetivo de garantizar los procedimientos, los estándares de calidad y los criterios operativos. Es la capa básica y, por razones obvias, la que suele estar mejor cubierta. Sin este conocimiento mínimo, cualquier otro esfuerzo formativo pierde eficacia.

Pero existe, además, un segundo nivel igualmente determinante: la formación vinculada a la cultura de la organización. En este caso, el objetivo principal es ayudar a comprender en qué organización se trabaja. Incluye elementos aparentemente menos tangibles, como la historia que explica de dónde se viene, la visión compartida que orienta hacia dónde se quiere ir, los objetivos estratégicos que marcan las prioridades o los valores irrenunciables que delimitan cómo deben hacerse las cosas. Este conjunto de referencias no solo aporta contexto, sino que resulta esencial para alinear comportamientos, facilitar la coordinación y fomentar la unidad de acción. Por eso, esta dimensión debería trabajarse de forma explícita y sistemática, especialmente en los procesos de incorporación (los llamados *onboarding*), ya que permite que las personas entiendan no solo qué tienen que hacer, sino cómo y por qué hacerlo así.

El tercer nivel es la formación directiva, tal vez la más infravalorada. Resulta paradójico que en muchas organizaciones se exija acreditación y aprendizaje continuo para asumir responsabilidades técnicas, mientras se normaliza el acceso a posiciones de liderazgo sin preparación específica. Salvando las distancias, se podría establecer un paralelismo con el conocido caso del falso médico de Ferrol, que ejerció durante meses sin formación, lo que generó una alarma social y mediática comprensible por la gravedad de las consecuencias. En cambio, liderar personas sin haber sido formado para ello sigue siendo una práctica tolerada, a pesar de su impacto sigilosamente corrosivo. De hecho, un estudio de Adecco ya evidenció en 2019 que tener un mal jefe puede erosionar la satisfacción laboral con la misma intensidad que un salario precario.

Por tanto, una compañía que decide no invertir en formación directiva es como un hospital que se va llenando de médicos que jamás han pisado una facultad de Medicina. Y es que un líder necesita conocer las estrategias, técnicas, habilidades y herramientas que le ayudarán en el desempeño de su función. No hacerlo tiene un alto potencial perjudicial, tanto para el propio directivo, que se ve abocado a una batalla sin armas, como para las personas que estarán a su cargo, que tienen muchas papeletas para acabar sufriendo alguna de las dos derivadas más comunes: mal liderazgo o ausencia de liderazgo.

Todo ello pone de manifiesto que la formación es uno de los espacios donde mejor se aprecia que las competencias colectivas funcionan como un ecosistema. La formación técnica es mucho más eficiente cuando existe una buena gestión por procesos, con métodos claros que actúan como manuales de instrucciones compartidos. La formación cultural se puede estandarizar cuando antes se ha definido con rigor el propósito, la misión, la estrategia y los valores de la organización. Y la formación en liderazgo se garantiza mejor cuando existen marcos comunes de referencia, como una gobernanza clara, una comunicación interna estructurada, un sistema de objetivos coherente o una política retributiva alineada, que permiten dirigir con patrones y herramientas compartidas.

La formación, entendida así, deja de ser una suma de iniciativas dispersas y se convierte en una infraestructura estratégica que conecta y refuerza el conjunto de competencias colectivas sobre las que se sostiene la organización.

Recuperar la figura del mentor

Junto a los tres niveles de formación (técnica, cultura y liderazgo), también es importante destacar la mentoría como un elemento transversal que multiplica el efecto del aprendizaje. En el capítulo dedicado a las competencias individuales, ya se señalaba como una habilidad profesional clave, pero aquí conviene ampliar la mirada. Porque la mentoría debería desbordar el ámbito estrictamente directivo para convertirse en una dinámica organizativa mucho más amplia, basada en la existencia de referentes que ayuden a otros a aprender cómo se hacen bien las cosas en esa organización concreta.

En este sentido, es oportuno recordar las reflexiones de John C. Maxwell, creador de *Las 21 leyes irrefutables del liderazgo*, quien siempre compara la formación con la bolsa de valores, dando a entender que también requiere inversión y tiempo para generar retornos significativos. Una metáfora que sirve para reforzar la idea de que el aprendizaje significativo no se consolida de forma inmediata ni exclusivamente a través del estudio teórico. Necesita acompañamiento, repetición y ejemplos visibles que permitan contrastar lo aprendido con la realidad cotidiana.

De hecho, esta función de acompañamiento y mentoría va de la mano de una práctica que suele generar recelos: el *micromanagement*. Durante años, el término se ha asociado a un control excesivo y estéril. Sin embargo, también tiene una vertiente positiva, ya que la atención al detalle puede cumplir una función pedagógica clara. Concretamente, la que brota del oficio y de la experiencia, y se orienta a transmitir estándares a través de la acción.

Lo ilustra con claridad la anécdota que compartió Francesc Julià en una entrevista, al asumir la dirección de la empresa familiar Kave Home. Durante la inauguración de una tienda en Seúl, su padre, fundador de la compañía, observó que una mesa estaba desajustada. En lugar de señalarlo desde la distancia o delegar la corrección, se tumbó en el suelo, pidió un destornillador y la arregló él mismo, mostrando cómo debía hacerse. El gesto no fue improvisado ni anecdótico, sino profundamente formativo. Ajustar aquella mesa respondía a la voluntad de mostrar que los estándares se fijan con hechos, que la exigencia empieza por uno mismo y que ningún rol exime de cuidar los detalles.

Ahí reside una de las aportaciones más valiosas de la mentoría. Porque los aprendizajes que dejan huella rara vez nacen de discursos inspiradores; suelen emerger de escenas concretas en las que alguien muestra, sin palabras grandilocuentes, cómo se trabaja bien. Así que la mentoría cobra sentido cuando existe un referente que encarna el estándar y lo hace visible en los detalles, los cuales convierte en muestra evidente de la excelencia. Como recordaba Miguel

Ángel hace más de quinientos años, «la perfección no es cosa pequeña, pero está formada de pequeñas cosas». Y en las organizaciones sucede de forma constante, ya que el buen hacer no aparece de golpe, sino que se sedimenta a través de hábitos cotidianos bien ejecutados.

Desde esta perspectiva, la mentoría se apoya menos en la explicación y más en el ejemplo. Y también es precisamente ahí donde la empatía encuentra su expresión más tangible. No como una consigna amable, sino como una forma de comportarse que otros pueden observar e incorporar. Contar con un mentor equivale a disponer de un espejo profesional que ayuda a entender cómo tratar a las personas, cómo gestionar los recursos y cómo tomar decisiones con sentido de responsabilidad.

En este marco, la empatía abandona el terreno de la abstracción y se traduce en principios de acción que se aprenden por proximidad. Tratar a los demás como te gustaría ser tratado se interioriza observando a quien lo practica incluso en situaciones difíciles. Utilizar los recursos como si fueran propios se aprende viendo cómo alguien es capaz de aplicar los mismos principios de eficiencia económica en casa y en la empresa. Y tomar decisiones con perspectiva global se entiende mejor cuando tienes a alguien al lado que sabe meterse en los zapatos de quien debe gestionar los intereses comunes.

Estos principios son sencillos de formular, pero muy complejos de sostener, precisamente porque exigen coherencia entre lo que se dice y lo que se hace. Y ahí radica la fuerza de la mentoría, que basa su impacto real en el ejemplo. No pretende convencer, sino mostrar. Y puede desplegarse en cualquier nivel de la organización, siempre que exista alguien dispuesto a ejercer de referencia y alguien con voluntad de aprender mirando.

Precisamente por todo lo expuesto, la mentoría no debería quedar relegada al terreno de la espontaneidad o de la buena voluntad individual. Conviene reivindicarla como una práctica clave del aprendizaje organizativo y, al mismo tiempo, metodizarla. Identificar referentes, clarificar su rol, asignarles tiempo y generar espacios de acompañamiento. Hacerlo de esta forma sistemática, lejos de restarle autenticidad, permite protegerla y expandir sus efectos. Porque cuando la mentoría se deja al azar, aparece de forma desigual. En cambio, cuando se diseña con criterio, se convierte en una herramienta poderosa para elevar el nivel colectivo.

En el fondo, todo modelo de mentoría se resume en una idea sencilla y exigente a la vez: intenta parecerte al profesional que te gustaría tener a tu lado. Cuando una organización identifica a las personas que encarnan mejor su forma de trabajar y les confía la tarea de acompañar a otros en sus primeros pasos, no solo está formando. Está señalando una estela. Está indicando, sin necesidad de discursos, qué comportamientos merecen ser replicados. Y en un entorno donde abundan los mensajes y escasean los referentes, esa puede ser una de las vías más sólidas para convertir la formación en aprendizaje compartido.

Liderar con oficio... y con vocación

En los apartados anteriores hemos subrayado la importancia de la formación directiva como uno de los tres niveles que toda organización debería garantizar. Ahora bien, cuando se habla de liderazgo, conviene detenerse en dos cuestiones que siguen generando controversia. La primera tiene que ver con la necesidad de liderar con oficio, es decir, con conocimiento técnico y comprensión real del trabajo. La segunda va más allá de la formación y apunta a la vocación, a la predisposición honesta para asumir lo que implica dirigir personas. Dos debates distintos, pero íntimamente relacionados, que ayudan a entender por qué algunos liderazgos funcionan y otros se agotan prematuramente.

Cuenta la leyenda que, tras el estreno de la ópera *El rapto en el serrallo*, el emperador José II se acercó a Mozart para expresarle su opinión y le lanzó una observación tan audaz como desafortunada: «Demasiadas notas, querido». El compositor, joven pero ya consciente de su talento, habría respondido con firme cortesía: «Solo las necesarias, majestad». La anécdota, recreada en la película *Amadeus*, se ha convertido en la metáfora perfecta de cuando el poder juzga lo que no comprende.

Este dilema sobre los liderazgos sin conocimiento técnico no pertenece solo al arte. En realidad, se reaviva cada vez que un político asume una cartera alejada de su trayectoria o que un directivo desembarca en un sector ajeno. Algunos defienden que liderar es, sobre todo, un tema de estrategia, gestión de equipos e inspiración. Pero otros sostienen que, para tomar decisiones acertadas, también se requiere un buen dominio de la materia en cuestión. No es un debate que admita respuestas categóricas, aunque probablemente haya más argumentos para defender la conveniencia de liderar conociendo el oficio.

El primer argumento es la credibilidad con la que se accede a la responsabilidad. Cuando alguien asume un cargo avalado por el prestigio profesional en ese mismo ámbito, su autoridad moral parte de un nivel más alto. Las personas a las que deberá dirigir podrán discrepar de su estilo, pero difícilmente cuestionarán su competencia. Como recuerda el doctor Alfredo Adán, que durante casi dos décadas ha dirigido el Instituto de Oftalmología del Hospital Clínic de Barcelona, «si tienes que liderar médicos, ayuda ser un médico respetado».

Otra razón es la calidad del criterio propio. Comprender el funcionamiento de la actividad que se dirige permite decidir con más fundamento y menos fe ciega, además de evitar dos riesgos frecuentes. El primero es la dependencia excesiva de terceros que, gracias a su experiencia o a su capacidad de seducción, acaban ejerciendo un poder paralelo (y a menudo en la sombra) dentro de la organización. El segundo riesgo, quizá más grave, es decidir sin entender las implicaciones técnicas de lo que se propone. De ahí surgen muchas promesas imposibles y no pocos equipos agotados persiguiendo objetivos inalcanzables.

Hay otra ventaja, quizá menos evidente. El conocimiento técnico ayuda a no simplificar la realidad en exceso. Cuando falta esa base, se tiende a reducir los problemas hasta que encajan en el propio esquema mental, aunque eso los deforme. Es lo que, de algún modo, hacía el emperador José II cuando reprochaba a Mozart que su música tenía «demasiadas notas». Como explica el consultor Marcelo Lasagna, cuando una situación se vuelve más compleja (por factores internos o externos), no siempre puede abordarse con la simplicidad de las soluciones existentes. A veces hay que añadir complejidad. Y liderar sabiendo también significa eso: reconocer la profundidad de las cosas y resistir la tentación de aplanarlas hasta volverlas irrelevantes.

Con todo, el conocimiento por sí solo no hace a un buen líder. Y aquí aparece la segunda cuestión, a menudo todavía más delicada: la vocación. Porque no todo el que puede liderar quiere hacerlo. De hecho, en los últimos tiempos han proliferado los estudios que aseguran que las nuevas generaciones no quieren ser jefes. Según una encuesta de la plataforma Preply, por ejemplo, solo un 19 % de los profesionales menores de 40 años aspira a dirigir un departamento. Esta aparente falta de ambición jerárquica ha propiciado muchos titulares de prensa y un cierto estupor en el mundo corporativo, pero quizá lo verdaderamente diferencial no esté en el fondo de la cuestión (las ganas de asumir responsabilidad directiva), sino en la sinceridad de quienes no se ven en ese rol y lo admiten sin tapujos.

Porque lo cierto es que hay trabajadores de todas las edades que aceptan cargos de responsabilidad movidos por el estatus, el sueldo o las expectativas ajenas, pero sin detenerse a valorar si realmente les gusta (o no) liderar personas. Y cuando este componente intangible no existe, cuando falta la motivación real por la tarea directiva, la situación acaba siendo perjudicial tanto para el líder como para su equipo. Por eso, antes de dar el paso, todos deberíamos recuperar, aunque solo fuera momentáneamente, la naturalidad y autenticidad de los jóvenes para preguntarnos con valentía: ¿de verdad quiero asumir lo que implica dirigir un equipo?

El gusto por liderar se traduce, en primer lugar, en un deseo auténtico de formarse en este ámbito. Porque acabamos de argumentar que los conocimientos técnicos son importantes para gestionar equipos, pero es que además hay que adquirir otras habilidades clave relacionadas con la comunicación eficaz, la toma de decisiones, la implementación de objetivos, la gestión del conflicto, el desarrollo de talento... Así que no basta con saber mucho de algo. Liderar exige prepararse y crecer, con humildad, en competencias de gestión humana.

En este contexto, también conviene hacerse otra pregunta tan sencilla como determinante: ¿me gusta el contacto con las personas? Y aquí no estamos hablando de ser carismático ni extrovertido, pero sí de tener una predisposición clara a interactuar, preguntar con interés genuino, escuchar con atención... Porque si eres de los jefes que cada mañana prefiere llegar al puesto de trabajo evitando cruzarse con nadie y, además, te encuentras más cómodo dentro del despacho que fuera, es una señal preocupante. El liderazgo requiere presencia.

Otra pista para el autoanálisis es preguntarse por la verdadera tolerancia a la incomodidad. Porque liderar con empatía y exigencia implica lidiar con situaciones complejas, asumir decisiones difíciles y convivir con cierto nivel de incertidumbre emocional. Implica no delegar las malas noticias ni esconderse en los momentos difíciles. Dicho de otra manera: implica una cierta predisposición a complicarse la vida.

Y, por último, tal y como hemos explicado en este mismo capítulo, liderar también es tener vocación de mentor. Sentirse cómodo en la generosidad. Disfrutar dedicando tiempo al desarrollo de los demás. Establecer rumbos, marcar metas y acompañar con honestidad en el camino. Porque como aseguraba el consultor Robert K. Greenleaf, si entiendes el liderazgo como un medio para servirte a ti mismo, y no como un ejercicio de servicio a los demás, tenemos un problema.

En definitiva, liderar personas es una responsabilidad demasiado seria como para aceptarla solo por inercia. Está en juego la motivación del equipo, el rendimiento colectivo y la solidez del proyecto. Quizá por eso, formar líderes va más allá de dotarlos de herramientas, y también consiste en ayudar a identificar quién quiere (y puede) ejercer ese rol. Porque, en ocasiones, el acto más responsable no es decir que sí a una promoción, sino saber decir que no. Y pocas decisiones hay tan formativas para la persona y para la organización como esa.

Séptima competencia
Los objetivos: el arte de alinear intereses

Los objetivos son una de las piezas esenciales del *management* porque permiten establecer prioridades con claridad. Son el instrumento que orienta a la organización, marca el rumbo colectivo y ayuda a que los esfuerzos se concentren allí donde realmente importa. Cuando los objetivos están bien pensados, la acción gana sentido y dirección. Cuando no lo están, la actividad se multiplica sin necesariamente traducirse en avance.

Elaborar un cuadro de mandos es, en este sentido, un ejercicio exigente de selección y descarte. Aquello que decidamos medir acabará concentrando la atención, el tiempo y la inteligencia de las personas. Lo que quede fuera del radar, por la misma lógica, tenderá a escapar al control y acabará recibiendo poca (o ninguna) dedicación. No es una cuestión menor. En las organizaciones solemos cuidar aquello que observamos con regularidad y descuidar aquello que dejamos en los márgenes.

Una metáfora útil para entenderlo es la del teatro. Los objetivos funcionan como los focos de una obra. Donde hay luz, hay acción, presencia y esfuerzo. Los actores se mueven hacia las zonas iluminadas porque ahí está la escena relevante. En cambio, los espacios que permanecen fuera del alcance de los focos se vuelven secundarios, aunque en ellos también podrían estar ocurriendo cosas importantes. La iluminación no solo muestra la realidad, también la construye. Con los objetivos sucede algo parecido. No se limitan a reflejar lo que pasa, sino que influyen decisivamente en lo que acaba pasando.

Como profesor, esta idea se hace evidente a través de un ejercicio recurrente en mis clases en la UPF Barcelona School of Management. En una de las primeras sesiones, pido a los alumnos que se pongan en la piel del consejero delegado fundador de una empresa de comercio electrónico. El encargo es concreto. Imaginen que, a principios de cada mes, reciben un cuadro de mandos con diez objetivos clave, acompañados de sus correspondientes indicadores, para valorar si la empresa va bien, regular o mal. Diez, ni uno más ni uno menos. La consigna obliga a priorizar y, sobre todo, a renunciar.

El resultado suele ser bastante previsible. La mayoría de los objetivos propuestos se concentran en la sostenibilidad económica. Ventas, beneficios, ebitda, *cash flow*, margen, valor de existencias, costes operativos... Indicadores relevantes y necesarios. Lo llamativo es lo que no aparece. Los objetivos vinculados a la sostenibilidad social, como el bienestar de las personas, o a la sostenibilidad ambiental, como la huella ecológica, rara vez encuentran un hueco.

Cuando analizamos los resultados del ejercicio en conjunto, la reflexión es doble. Por un lado, tenemos más interiorizados de lo que creemos los paradigmas clásicos de la gestión empresarial. Por otro, se hace evidente el poder real de definir objetivos. Porque no es lo mismo que un consejero delegado revise cada mes el nivel de emisiones de CO_2 que no hacerlo. En el primer caso, ese foco ilumina una parte del escenario y moviliza esfuerzos e inteligencias que, de otro modo, permanecerían latentes. Surgen iniciativas para probar energías alternativas, reducir kilómetros recorridos, optimizar rutas o replantear procesos. En el segundo, cuando esa zona del escenario permanece a oscuras, lo único que suele activarse es el área de comunicación intentando recopilar algunos datos con los que construir un discurso mínimamente convincente.

Por todo ello, hablar de objetivos exige rigor y ambición. No son un trámite para cumplir con el comité de dirección ni un ejercicio estético de planificación. Son una herramienta de gobierno que decide qué se atiende y qué se ignora, y que acaba definiendo, sin grandes declaraciones, qué tipo de organización somos. En las páginas que siguen abordaremos cómo diseñar buenos objetivos, qué características debería tener un cuadro de mandos sólido, cuáles son las tentaciones más habituales que conviene evitar y qué claves ayudan a asegurar que los objetivos no se queden en el papel, sino que se conviertan en acción alineada.

Las cinco pautas para diseñar buenos objetivos

Definir objetivos requiere criterio y una comprensión fina de cómo reaccionan las personas cuando se les marca una meta. A lo largo de los años, la experiencia acumulada en organizaciones de todo tipo permite identificar algunas pautas recurrentes que ayudan a diseñar cuadros de mandos más útiles y coherentes. La primera de ellas es que el sistema de control de gestión actúe como un espejo fiel de la estrategia. Y es que los objetivos solo tienen sentido cuando reflejan con precisión las metas que la organización se ha marcado. Si ese vínculo se debilita, aparece una disonancia peligrosa y bastante común, que es cuando el discurso estratégico apunta en una dirección, pero los esfuerzos diarios empujan en otra distinta. Así pues, cualquier cuadro de mandos debería partir siempre de las prioridades estratégicas y, una vez elegidas, identificar qué valor se quiere aportar y cómo puede medirse de forma consistente. Porque los objetivos no son nunca un fin en sí mismos. Funcionan como palancas al servicio de una ambición mayor y solo tienen sentido cuando ayudan a acercarse a ella.

La segunda pauta consiste en acompañar (y medir) los objetivos con dos tipos de indicadores que se complementen. Por un lado, los OKR (*Objectives and Key Results*) permiten evaluar hasta qué punto se están cumpliendo los objetivos estratégicos y, en consecuencia, el valor real que la organización genera para sus grupos de interés. Por otro lado, los KPI (*Key Performance Indicators*) ayudan a medir el retorno que ese cumplimiento de los objetivos tiene para el desempeño del negocio. Ambos planos son necesarios para que se retroalimenten de forma efectiva, ya que operan con la misma lógica que la ley de la reciprocidad (qué estoy aportando y qué recibo a cambio). Por tanto, conviene no confundirlos. Tal y como explica el CEO de Goldylocks, Gene Cornfield, muchas organizaciones afirman estar centradas en sus grupos de interés cuando en realidad solo miden KPI como ventas o facturación. «Esos indicadores muestran cómo rinden los clientes para la empresa, pero no cómo rinde la empresa para sus clientes». De hecho, Cornfield ejemplifica la necesidad de contemplar también los OKR con un servicio de entrega de comida a domicilio, que mide el indicador «nada se rompió». Este dato refleja una experiencia clave para el cliente y, al mismo tiempo, acaba influyendo en métricas clásicas como la retención, los ingresos o los costes asociados a incidencias. En definitiva, medir bien implica sostener ambas miradas sin reducir una a la otra.

La tercera pauta consiste en integrar de forma coherente los objetivos individuales y colectivos. Para ello resulta útil trabajar con cuadros de mando segmentados, pero conectados entre sí. Como explica John Doerr al analizar el sistema de OKR implantado en Google, el verdadero impacto se produce cuando las metas personales se alinean explícitamente con las del equipo y la compañía. Cada persona debería tener claras las expectativas asociadas a su rol, de modo que la suma de esfuerzos contribuya de manera directa y medible a los propósitos comunes. Este enfoque no solo orienta el avance colectivo, sino que también permite supervisar que cada integrante aporta la parte que le corresponde, evitando desequilibrios que suelen generar sensación de injusticia y erosionar el compromiso.

La cuarta pauta recuerda que ningún objetivo debería formularse sin un método o sin acciones claras para alcanzarlo. Señalar una cima sin ofrecer un mapa conduce a la frustración o, peor aún, a comportamientos indeseados. En este punto, el papel de los responsables de proceso que hemos destacado en capítulos anteriores resulta clave, ya que deberían ser ellos los encargados de traducir los objetivos en métodos operativos y prácticas concretas. Por el contrario, la ausencia de este vínculo puede dar lugar a efectos perversos bien conocidos. El llamado efecto cobra lo ilustra con claridad. Según esta teoría, existía una ciudad afectada por una gran plaga de cobras y, después de valorar distintas soluciones, las autoridades decidieron pagar a los ciudadanos por cada cobra muerta que entregaran al ayuntamiento. La medida tuvo éxito inmediato... hasta que se descubrió que muchos hogares habían empezado a criar cobras para aumentar sus ingresos. Así que el objetivo, formulado sin método ni contexto, se convirtió en un fin en sí mismo y, paradójicamente, acabó alejando a la organización de la meta original. Cuando los objetivos se acompañan de acciones bien definidas, se reduce este riesgo y se orienta el esfuerzo en la dirección adecuada.

Finalmente, la quinta pauta invita a reconocer el valor tanto de los indicadores cuantitativos como de los cualitativos, y les otorga un valor similar. Y es que lo cuantitativo no es, por definición, más objetivo que lo cualitativo. Lo relevante es la naturaleza, la honestidad y el rigor de la información que alimenta los indicadores. En consecuencia, un objetivo bien diseñado no es aquel que se traduce en un número impecable, sino el que refleja con fidelidad el grado de avance hacia las metas estratégicas. Los indicadores de clima laboral son un buen ejemplo de esta pauta, ya que las encuestas anónimas (bien planteadas) suelen ofrecer una visión mucho más rica del bienestar de las personas que datos como la rotación o el absentismo. Estos últimos, aunque muy cuantificables, iluminan solo una parte del escenario y pueden inducir a decisiones erróneas si se interpretan de forma aislada. Como sostienen Kaplan y Norton en su famoso modelo del *Balanced Scorecard*, limitar la medición a indicadores financieros o puramente cuantitativos empobrece la comprensión estratégica del desempeño.

En conjunto, diseñar buenos objetivos, tanto en lo individual como en lo corporativo, es una de las tareas de mayor inteligencia estratégica. Porque, como advertía Séneca, ningún viento es favorable para el barco que no sabe a qué puerto se dirige. Definir bien ese puerto y decidir qué se mide para alcanzarlo marca, en gran medida, la diferencia entre las organizaciones que avanzan con sentido y las que se limitan a moverse.

Dos sesgos que evitar: confirmación y coste hundido

Diseñar objetivos con rigor no solo exige claridad estratégica y buenos indicadores. También requiere ser consciente de las trampas cognitivas que pueden distorsionar su formulación y, sobre todo, su interpretación. En este terreno, hay dos sesgos especialmente relevantes que conviene tener muy presentes, porque afectan de forma directa al modo en que observamos los resultados y tomamos decisiones a partir de ellos. Ambos tienen en común que nos empujan a perseverar en errores que los propios objetivos deberían ayudarnos a detectar.

El primero es el sesgo de la confirmación. Se trata de un error de lógica muy extendido que cometemos cuando, de forma consciente o inconsciente, buscamos únicamente aquella información que refuerza nuestras ideas previas, ignorando o minimizando los datos que las contradicen. Este sesgo resulta especialmente peligroso cuando se trabaja con cuadros de mando, porque convierte los indicadores en herramientas de autojustificación en lugar de instrumentos de aprendizaje.

El fenómeno lo explica con claridad Rolf Dobelli en su libro *El arte de pensar*, a través del ejemplo de un consejo de administración que aprueba una nueva estrategia y, a partir de ese momento, empieza a celebrar con entusiasmo todos los signos que parecen confirmar su éxito. Allí donde se mire, aparecen pruebas de que la estrategia funciona. En cambio, los indicios contrarios dejan de verse o se descartan rápidamente, pues se etiquetan como excepciones, circunstancias puntuales o dificultades imprevisibles. El resultado es un órgano de gobierno que se va quedando ciego ante la evidencia refutatoria.

Trasladado al ámbito de los objetivos, el riesgo es evidente. Cuando construimos un cuadro de mandos, existe la tentación de seleccionar solo aquellos indicadores que nos devuelven la foto que deseamos ver. Sin embargo, los objetivos no deberían servir para tranquilizar conciencias, sino para medir con honestidad el grado de avance (o de desviación) respecto a las metas planteadas. Por eso resulta clave incorporar variables que puedan mostrar tanto el éxito como el fracaso. Aunque incomode, un objetivo incumplido es información de alto valor, porque señala que algo no funciona y que conviene corregirlo. Si el sesgo de la confirmación se impone, la organización puede vivir durante un tiempo en una confortable ignorancia, pero difícilmente mejorará.

Este primer sesgo conecta de forma natural con el segundo, que actúa cuando los datos ya no acompañan, pero aun así decidimos insistir. Se trata de la teoría del coste hundido, otro error de razonamiento bien conocido que empuja a mantener decisiones fallidas solo porque ya se ha invertido mucho en ellas.

El mismo Rolf Dobelli lo ilustra con la escena cotidiana de una pareja que entra al cine y, poco después de empezar la película, descubre que es muy mala. El razonamiento habitual es aguantar hasta el final porque ya se han pagado las entradas. Sin embargo, el dinero ya está perdido. La única decisión relevante es si también se quieren perder dos horas de tiempo. Esta lógica simple encierra una enseñanza poderosa, y es que las inversiones del pasado no deberían condicionar automáticamente las decisiones futuras, porque hacerlo suele agravar las pérdidas en lugar de limitarlas.

En la gestión de objetivos, la teoría del coste hundido adquiere una relevancia muy concreta, porque los indicadores bien diseñados no solo sirven para confirmar avances, sino también para advertir a tiempo de que algo no está funcionando como se esperaba. Esto es especialmente evidente en la dirección de proyectos. Da igual que se trate de una implementación tecnológica, de un lanzamiento comercial o de una estrategia de crecimiento. Cuando los objetivos vinculados al valor muestran desviaciones persistentes, la pregunta clave deja de ser cuánto se ha invertido y pasa a ser si tiene sentido seguir adelante. De ahí la importancia de que los cuadros de mando no se limiten a medir el grado de cumplimiento del plan, sino que incorporen indicadores que evalúen el impacto real generado. Son estos los que permiten decidir, con criterio y sin autoengaño, si conviene ajustar el rumbo o aceptar que ha llegado el momento de detenerse.

La misma lógica se extiende a los procesos y a las personas. Los objetivos aplicados a las operaciones rutinarias ayudan a detectar cuándo una forma de trabajar que en su día fue eficaz ha quedado obsoleta y empieza a generar más fricción que valor. En ocasiones, mejorar no significa optimizar lo existente, sino atreverse a abandonarlo, algo que solo es posible cuando los datos lo avalan. Y lo mismo ocurre en la gestión de personas. Los objetivos también pueden señalar que un profesional ha perdido de forma sostenida el compromiso o la excelencia esperados, y que seguir insistiendo por todo lo invertido hasta ese momento puede resultar más costoso que cerrar una etapa. En todos estos casos, los objetivos cumplen su función más exigente: obligarnos a mirar la realidad de frente y a decidir sin quedar atrapados por el pasado.

En el fondo, ambos sesgos comparten una misma raíz. El primero nos impide ver con claridad lo que los objetivos nos están diciendo. El segundo nos empuja a ignorarlos incluso cuando el mensaje es evidente. Evitarlos exige una combinación poco habitual pero imprescindible: honestidad intelectual para diseñar indicadores que puedan contradecirnos y valentía para actuar cuando los datos muestran que es necesario cambiar de rumbo. Porque, como recordaba Warren Buffett con su habitual lucidez, «cuando uno se encuentra en un agujero, lo primero que debe hacer es dejar de cavar».

Aprender a pedir las cosas

A menudo se asume que, una vez bien diseñados, los objetivos se cumplirán casi de forma natural. Sin embargo, la experiencia demuestra que su verdadero potencial no depende solo de cómo se formulan, sino de cómo se transmiten y se exigen. La diferencia entre un objetivo inspirador y uno estéril suele encontrarse en la habilidad directiva para convertirlo en una expectativa clara, compartida y accionable.

El escritor Jesús Terrés lo explicó con brillantez en un artículo publicado en la *Guía Hedonista* en el que narraba su experiencia en un restaurante muy prestigioso de Mallorca. Lo curioso de la historia es que comió allí dos días seguidos, pero con un resultado muy desigual. El primer intento fue más bien regular, mientras que el segundo se convirtió en un episodio gastronómico memorable. Así que el autor se cuestiona cómo es posible que le pasara esto si se trataba del mismo local, semejante género e idéntico equipo humano. Y llega a una conclusión realmente interesante: «Cambié yo».

Según Terrés, el elemento diferenciador fue que el segundo día pidió la comida con mucho más criterio, sensibilidad y atención. Por tanto, lejos de limitarse a proyectar la culpa hacía los cocineros o los camareros, propone una reflexión de gran profundidad que sitúa el foco en el emisor y su habilidad a la hora de formular encargos de calidad. De hecho, el título de su columna, «La responsabilidad del que pide», es tan elocuente como evocador.

Más allá de la restauración, el hecho de pedir bien las cosas tiene una trascendencia extrapolable a cualquier parcela profesional. Porque fijar objetivos no consiste únicamente en definir cifras o hitos, sino en saber trasladarlos de forma que orienten la acción colectiva. Pedir bien implica explicar qué se espera, por qué es importante y cómo encaja en el conjunto. Cuando esta transmisión falla, aunque el objetivo esté bien diseñado, su ejecución se resiente. Y cuando un directivo no comunica sus expectativas con claridad (o confía en que se entiendan por intuición), se incrementa la probabilidad de que aparezcan los fantasmas de la inoperancia, la frustración y el desgaste relacional.

Comunicar objetivos con eficacia exige asertividad y precisión. No basta con anunciar una meta; hay que dotarla de contexto para que se comprenda su sentido estratégico. Es necesario acotar qué resultados son prioritarios y cuáles no lo son, definir cómo se evaluará su cumplimiento y establecer un horizonte temporal claro. Estos elementos no rigidizan la acción, sino que la ordenan. Permiten que las personas alineen su esfuerzo con mayor autonomía y menor incertidumbre.

Pero incluso una buena formulación inicial resulta insuficiente si no se completa el ciclo. Tras acordar los objetivos, conviene explicitar las consecuencias asociadas a su cumplimiento o incumplimiento para evitar ambigüedades. Y, sobre todo, asumir la parte más exigente del liderazgo: ser coherente con lo pactado. Reconocer cuándo los objetivos se alcanzan y actuar cuando no se cumplen. No hacerlo, por comodidad o por miedo al conflicto, acaba vaciando de credibilidad cualquier sistema de objetivos.

Cuando esta exigencia desaparece, el deterioro suele ser progresivo. Utilizando una metáfora sencilla, una organización se asemeja a una embarcación de remo en la que cada persona aporta un esfuerzo individual al avance común. Mientras todos mantienen la intensidad acordada, el movimiento es fluido. Cuando alguien reduce el ritmo sin una causa justificada y no aparece la exigencia, se generan efectos previsibles: a corto plazo, una sensación de injusticia que sobrecarga a otros; a medio plazo, una desmovilización que se propaga; y a largo plazo, la pérdida de velocidad y de rumbo.

Por eso, aprender a pedir bien los objetivos no es un matiz comunicativo, sino una competencia directiva de primer orden. Diseñarlos con rigor es imprescindible. Medirlos con criterio, también. Pero sin la capacidad de traducirlos en expectativas claras, exigibles y coherentes, los objetivos corren el riesgo de quedarse en declaraciones formales. Y una organización que no sabe pedir bien lo que espera difícilmente podrá alinear intereses, sostener el esfuerzo colectivo y avanzar con la intensidad necesaria.

Octava competencia
La política retributiva: ¿sueldo digno o futbolín en la oficina?

En 1991, la televisión pública catalana emitió un reportaje sobre la situación en las escuelas de primaria con un título cargado de significado: «Decepción en las aulas». Los maestros entrevistados describían un panorama preocupante: hablaban de niños con menor cultura del esfuerzo, poco respeto por la autoridad, una educación cada vez más deficiente y una sobreprotección excesiva por parte de las familias. Han pasado más de treinta años desde entonces, pero el discurso resulta sorprendentemente reconocible. No sería extraño que alguno de aquellos alumnos hoy sea docente y repita, casi palabra por palabra, los mismos diagnósticos que un día pesaron sobre él: «Los niños de hoy no respetan nada».

Esta recurrencia no es casual. La condición humana tiene una tendencia bien documentada a idealizar el pasado y a mirar el presente con desconfianza. Recordamos lo que fue desde una memoria selectiva y juzgamos lo que es desde la incomodidad del cambio. Este sesgo aparece con fuerza en el debate actual sobre la supuesta falta de talento y la dificultad para atraer y retener profesionales. Personas que en su juventud también combinaron rebeldía, ilusión e inconsciencia se agrupan ahora en análisis nostálgicos para concluir que las nuevas generaciones no valoran el trabajo, carecen de compromiso y rehúyen la disciplina. El argumento suele cerrarse con una sentencia tranquilizadora: «Antes esto no pasaba».

Sin embargo, sería poco verosímil que la especie humana hubiera cambiado de manera tan radical en apenas una generación. Lo más probable es que los jóvenes actuales se parezcan mucho más a los de ayer de lo que estamos dispuestos a admitir. Por eso, para comprender fenómenos como la llamada gran dimisión (más de cuarenta millones de personas abandonaron voluntariamente su empleo en los Estados Unidos en 2021) o el incremento sostenido del *burnout* (cuatro de cada diez trabajadores en España aseguran sentirse quemados), quizá convenga abandonar explicaciones simplistas y revisar con mayor honestidad cómo están diseñadas nuestras organizaciones.

Desde esta perspectiva, resulta pertinente cuestionar uno de los mantras más repetidos del *management*: el de «captar y retener talento». El talento no se captura como si fuera un recurso escaso ni se retiene por la fuerza. Se le seduce con condiciones óptimas y se fideliza con un proyecto en el que merezca la pena quedarse. Cambiar los verbos no es un ejercicio retórico, sino conceptual. Porque supone asumir que el compromiso profesional no depende solo de la actitud individual, sino también de la calidad de la propuesta organizativa.

De hecho, la lealtad en el ámbito laboral es una realidad de carácter recíproco, ya que los trabajadores que se muestran más comprometidos con su empresa son aquellos que, a la vez, perciben una apuesta nítida de la organización hacia su persona.

Además, el beneficio de la lealtad también es bidireccional, ya que varios estudios demuestran que no solo favorece el desempeño colectivo, sino que también incrementa las posibilidades de promoción y crecimiento individual.

El problema, tal y como demuestran las investigaciones del profesor Matthew Bidwell, es que la relación entre las empresas y los trabajadores se está debilitando a marchas forzadas. Hay menos compromiso porque ya no existe la sensación de que la empresa te va a cuidar como en el pasado. Esto provoca que la lealtad se dirija más hacia la profesión que hacia la organización, asegura el académico.

Y aquí es donde la política retributiva adquiere una relevancia estratégica de primer orden. Porque es uno de los instrumentos más poderosos para construir organizaciones atractivas, comprometidas y con verdadera ambición de alto rendimiento. Es la competencia colectiva que permite materializar un principio básico de las relaciones profesionales (y humanas): para exigir excelencia, hay que ofrecer excelencia. Y eso solo se logra con sistemas de compensación coherentes, justos y bien alineados con lo que se espera de las personas.

Conviene recordar, además, que la política retributiva no se limita al salario. Incluye el conjunto de beneficios económicos y no económicos que configuran la propuesta de valor que una organización ofrece a sus empleados a cambio de su esfuerzo y dedicación. Aun así, sería ingenuo minimizar el peso de los elementos que afectan directamente al bolsillo y que siguen teniendo una importancia central en la vida de las personas. En cualquier caso, es primordial establecer unos criterios de remuneración que marquen las reglas de juego colectivas, evitando una amalgama perversa e ingobernable de negociaciones individuales.

No es casualidad que CaixaBank, una de las instituciones financieras de referencia en el mundo, haya situado la gestión del talento como uno de los ejes prioritarios de su nuevo plan estratégico, al mismo nivel que la digitalización, la rentabilidad o la sostenibilidad. Las empresas que sigan su ejemplo estarán en ventaja competitiva, ya que, si en una cosa son mejores los jóvenes actuales, es en que tienen mucho más interiorizado el principio de la escritora Toni Morrisson: «No eres el trabajo que haces, eres la persona que eres».

Los cinco niveles de la política retributiva: una relectura de Maslow

En la primera mitad del siglo XX, el psicólogo norteamericano Abraham Maslow desarrolló su teoría sobre la motivación humana, en la que estableció los cinco tipos de necesidades que tenemos todas las personas, desde las más básicas hasta las más aspiracionales. Según él, se estructuraban en niveles de lógica ascendente, entendiendo que, para alcanzar cada nueva necesidad, hay que haber cubierto la anterior. Así es como nació la famosa pirámide de Maslow.

En un contexto en el que muchas organizaciones se preguntan por qué les cuesta atraer y fidelizar talento, recuperar este marco resulta especialmente útil. No para aplicarlo de manera mecánica, sino para utilizarlo como una guía que permita revisar si la propuesta de valor al empleado está bien construida. Porque, en muchas ocasiones, se comete el error de empezar por lo accesorio. Se invierte energía en elementos llamativos con la intención de resultar atractivos, mientras se descuidan los fundamentos que sostienen de verdad la relación profesional.

Así pues, aplicada al ámbito laboral, la jerarquía de necesidades de la pirámide ofrece una lectura útil para entender los distintos niveles que debería contemplar la política retributiva. El propio Maslow vinculó su teoría a la gestión de personas en las organizaciones, subrayando que el trabajo constituye un espacio privilegiado donde se activan y satisfacen distintas motivaciones humanas.

El primer nivel es el más básico y, al mismo tiempo, el más determinante: la retribución económica. El salario permite cubrir las necesidades fisiológicas y materiales de la vida cotidiana, y por eso constituye el cimiento de toda la pirámide. Por tanto, disponer de una política salarial competitiva no garantiza por sí mismo el compromiso, pero su ausencia lo hace prácticamente inviable. Sin este soporte, cualquier discurso sobre propósito, cultura o desarrollo pierde credibilidad. Y los datos así lo confirman. Según una macroencuesta realizada por SD Worx en 2024, los trabajadores españoles siguen situando el sueldo como el factor más relevante a la hora de elegir empresa, con un 65 % de preferencia.

Una vez asegurada esta base, aparece el segundo nivel, vinculado a la necesidad de seguridad. En el entorno laboral, esta dimensión se traduce en la capacidad de proyectar un futuro estable y razonablemente previsible dentro de la organización. En consecuencia, aquí entran en juego los planes de carrera, entendidos como la capacidad de diseñar itinerarios profesionales, así como las condiciones necesarias para recorrerlos. En este sentido, cabe señalar que los planes de carrera no son patrimonio exclusivo de las grandes corporaciones. Sin ir más lejos, un pequeño taller mecánico en la población de Solsona ofrece más seguridad que algunas multinacionales, ya que, desde el primer día, a sus incorporaciones no solo les detalla la retribución inicial, sino que también les explica qué mejoras pueden alcanzarse con el tiempo. Mejoras que incluyen la progresión salarial, cambios de responsabilidad, mayor autonomía o una mejor organización del horario. Por tanto, la seguridad no nace de promesas grandilocuentes, sino de ser capaces de levantar la cabeza y dibujar una trayectoria posible.

Si estos dos niveles están razonablemente cubiertos, se accede al tercero, el de las necesidades sociales. En el trabajo, este plano se concreta sobre todo en las políticas de conciliación y en la calidad del tiempo. Ofrecer horarios razonables y márgenes de flexibilidad permite a las personas atender sus múltiples responsabilidades vitales sin vivir en una tensión permanente. Cuando esta dimensión se ignora, el impacto no siempre es inmediato, pero acaba manifestándose en forma de desgaste, rotación o desvinculación emocional.

El cuarto nivel corresponde a las necesidades de estima y reconocimiento, y aquí la política retributiva se entrelaza de forma directa con el modelo de liderazgo. El talento necesita sentirse valorado, escuchado y acompañado, y eso depende en gran medida de la calidad de los jefes. El modelo de liderazgo se convierte en la piedra angular del sistema, porque lo primero que necesita una persona para crecer es un buen acompañamiento. Directivos sin inseguridades ni envidias, capaces de disfrutar haciendo crecer a los demás y de sentirse parte de sus logros. Líderes que informen, que confíen, que capaciten y que, de vez en cuando, formulen una pregunta tan sencilla como decisiva: «¿Cómo estás?».

En la cúspide de la pirámide se sitúan las necesidades de autorrealización, que también pueden satisfacerse en el ámbito laboral. Aquí la política de promoción interna desempeña un papel central. Apostar por el talento propio beneficia tanto a la persona que progresa como al conjunto de la organización. Cada vez que un profesional modélico avanza, se envía un mensaje claro sobre qué comportamientos y actitudes merecen reconocimiento. Al mismo tiempo, se preserva la cultura y se reducen los riesgos de encaje. Pero, para que esto ocurra, conviene revisar un sesgo muy extendido: la tendencia a sobrevalorar el talento externo e infravalorar el interno.

Sueldo digno, horizonte profesional, conciliación razonable, liderazgo competente y oportunidades reales de crecimiento. Cualquier política retributiva que aspire a ser sólida debería centrarse en estos cinco elementos y trabajar para mejorarlos de forma continuada, porque son los que mayor impacto tienen en las necesidades reales de las personas. Todo lo demás puede resultar agradable, incluso simpático, pero tiene un efecto claramente secundario. Si el objetivo es seducir y comprometer talento, parece más sensato volver a Maslow que llenar la oficina de futbolines, decorar las paredes con frases de Steve Jobs u organizar retiros de fin de semana en casas rurales.

Retribución equitativa, motivante y transparente

Si a lo largo de este libro hemos insistido en que las competencias colectivas funcionan como un ecosistema, la política retributiva es, probablemente, el ejemplo más elocuente de esta interdependencia. Una organización puede haber trabajado con rigor la gobernanza, la estrategia, los procesos, la formación, los objetivos o el liderazgo. Pero si aquello que afecta a las compensaciones, y muy especialmente a lo que toca el bolsillo, no está bien diseñado y alineado, es difícil que el conjunto funcione como debería. El desequilibrio acaba apareciendo tarde o temprano. Es como construir un castillo fortificado con murallas sólidas, torres bien posicionadas y un foso profundo, pero olvidar el rastrillo de la puerta principal. Una única debilidad que puede poner en jaque toda la estructura.

Esta fragilidad explica por qué la política retributiva no puede entenderse como un ámbito aislado ni como un mero ejercicio financiero. Es una palanca cultural de primer orden, capaz de reforzar o de erosionar silenciosamente todo lo demás. Y para que cumpla su función cohesionadora, existen tres características esenciales que deberían guiar su diseño. La primera de ellas es la equidad.

En este sentido, se trata de aplicar un principio básico: a misma responsabilidad, misma retribución. Dicho de otro modo, las condiciones económicas no deberían depender de la persona que ocupa el puesto, ni de su capacidad negociadora, ni del departamento al que pertenece, sino del nivel de responsabilidad que asume dentro de la organización. Este criterio conecta directamente con lo que ya se expuso en el capítulo dedicado a la gobernanza, cuando se subrayaba la importancia de configurar un organigrama claro, con niveles jerárquicos bien definidos y una cadena de mando comprensible. Ese trabajo previo no solo ordena la toma de decisiones, sino que resulta imprescindible para construir una política retributiva justa.

El reto aparece cuando se intenta aplicar esta lógica de forma transversal. Porque garantizar la equidad obliga a huir de la gestión por silos y a adoptar una visión global de la organización. Supone agrupar responsabilidades de naturaleza distinta bajo un mismo nivel jerárquico, aunque pertenezcan a áreas diferentes. Y este ejercicio, inevitablemente, genera fricciones. Siempre existe la tentación de pensar que el propio rol es más complejo, más exigente o más valioso que el de otros departamentos con los que se comparte nivel. De ahí nace un runrún interno que no siempre es fácil de apagar.

Sin embargo, no hay una alternativa mejor. Si se renuncia a esta visión transversal y se opta por establecer criterios salariales distintos en función de cada área, o, peor aún, en función de negociaciones personales, el principio de equidad se rompe. Y, cuando eso ocurre, la organización entra en una dinámica difícil de gobernar. Los directivos se ven atrapados en una espiral constante de peticiones de revisión salarial, comparaciones internas y agravios percibidos que consumen tiempo y energía. Recursos que, paradójicamente, deberían estar dedicándose a pensar en el futuro del proyecto y no a apagar fuegos cotidianos.

Garantizar la equidad exige, por tanto, un ejercicio de diseño riguroso. Implica definir cuántos niveles jerárquicos tiene la organización, siempre con la lógica de que menos es más, y asignar a cada uno de ellos unas condiciones económicas claras y aplicables a todos por igual. No es un trabajo cómodo, pero sí profundamente estructurante. Tal y como explica Dan Ariely, profesor de psicología y economía conductual, «las personas están dispuestas a esforzarse más cuando perciben que el sistema mediante el cual son recompensadas es justo y comprensible».

Sin embargo, conviene reconocer que la equidad también tiene costes. Al renunciar a la negociación individual, es posible que algunas incorporaciones muy deseadas queden fuera porque sus expectativas económicas superan lo que marca la política retributiva. Es el precio de priorizar la cohesión del equipo por encima de determinadas pretensiones individuales. A estas alturas del libro, probablemente ya no sea necesario justificar esta elección, porque se ha argumentado en repetidas ocasiones que una organización que aspira a rendir bien de forma sostenida necesita reglas compartidas y pilares de gestión sólidos.

La segunda característica que debería cumplir una buena política retributiva es su capacidad para motivar. Y conviene aclarar desde el inicio que la motivación no depende únicamente del nivel salarial absoluto, aunque este sea un factor relevante. Es evidente que, cuanto mayor sea el valor atribuido a cada nivel jerárquico, más atractiva resultará la organización a la hora de atraer talento. Pero la motivación sostenida se construye combinando distintos elementos, no solo incrementando la base económica.

Una de las palancas más habituales para introducir este estímulo adicional es la retribución variable, vinculada al cumplimiento de objetivos individuales o colectivos. Tal y como se ha explicado en la competencia colectiva anterior, diseñar buenos cuadros de mando es un ejercicio imprescindible para alinear esfuerzos y resultados. Sin embargo, el verdadero reto no está solo en definir bien los objetivos, sino en conseguir que se implanten con rigor. Y aquí la política retributiva desempeña un papel decisivo, porque permite asociar consecuencias claras al desempeño. Cuando el cumplimiento de los objetivos se traduce en una recompensa tangible, el mensaje gana fuerza. Del mismo modo, cuando no se alcanzan las expectativas, la ausencia de esa recompensa refuerza la credibilidad del sistema.

Este mecanismo introduce un matiz importante dentro de un marco equitativo. Aunque dos personas compartan el mismo nivel jerárquico y, por tanto, la misma base retributiva, su aportación efectiva puede diferir. La parte variable permite reconocer ese diferencial sin romper el principio de equidad ni recurrir a ajustes discrecionales difíciles de justificar.

Existe, además, otra herramienta clásica para reforzar la motivación y fomentar la fidelización: los tramos salariales vinculados a la antigüedad. Se trata de un sistema bien conocido en la gestión pública (los llamados *trienios*), pero también presente en muchas organizaciones privadas con fórmulas y periodicidades distintas. Su principal virtud es que ofrece horizontes de crecimiento dentro de cada nivel de responsabilidad, aportando estabilidad y previsibilidad, y evitando de nuevo la deriva hacia negociaciones individuales constantes.

Ahora bien, para que este mecanismo no se convierta en un arma de doble filo, debe cumplir una condición esencial. Las mejoras asociadas a la antigüedad dentro de un mismo nivel no pueden acabar superando las compensaciones previstas para niveles jerárquicos superiores. Cuando esto ocurre, la lógica del sistema se pervierte. Durante los primeros años de la década de los 2000, en el sector bancario, no era extraño encontrar perfiles con funciones operativas básicas que, gracias a una larga acumulación de antigüedad, percibían una retribución superior a la de directores de oficina con menos años en la entidad, pero con una responsabilidad claramente mayor. El resultado de este desajuste es previsible: la motivación por permanecer se transforma en desmotivación por crecer, asumir riesgos y aceptar nuevas responsabilidades.

La tercera y última característica clave es la transparencia. Las resistencias a compartir información retributiva dentro de las organizaciones suelen tener una causa muy concreta: la ausencia de criterios defendibles. No es casual que Edward E. Lawler, uno de los autores de referencia en sistemas de compensación, sea especialmente claro en este sentido: «El secretismo en torno a la retribución suele ser una señal de que algo no funciona bien». En cambio, cuando las reglas del juego están bien pensadas, la transparencia se convierte en un factor de estabilidad.

Que la organización conozca el valor asociado a cada nivel jerárquico y a cada tramo de antigüedad no solo refuerza la confianza interna, sino que reduce fricciones y comparaciones estériles. Además, conecta directamente con otro de los elementos tratados en este capítulo: los planes de carrera. Una política retributiva transparente permite visualizar, de forma indirecta pero muy efectiva, los posibles recorridos de crecimiento dentro de la organización.

Cada persona puede entender qué implica avanzar, qué responsabilidades conlleva y qué compensaciones están asociadas a ese progreso.

Un ejemplo paradigmático de política retributiva es Buffer, empresa tecnológica dedicada al desarrollo de software de gestión de redes sociales, que ha hecho públicos no solo su fórmula salarial, sino también los sueldos de toda la organización, visibilizando los distintos niveles de responsabilidad y grados de experiencia. Además, para garantizar el principio de justicia, el modelo incorpora una variable que ajusta la retribución al coste de vida de las distintas ciudades en las que trabajan sus profesionales.

En definitiva, una política retributiva sólida debe ser equitativa, motivadora y transparente. No son atributos independientes, sino piezas que se refuerzan mutuamente. Cuando se trabajan de forma coherente, la retribución deja de ser una fuente permanente de tensión y se convierte en un instrumento de alineación, compromiso y estabilidad. Y, como ocurre con el resto de las competencias colectivas, su impacto no se mide solo en cifras, sino en la calidad del vínculo que se construye entre la organización y las personas que la sostienen cada día.

Un apunte final sobre las vacaciones

Las vacaciones no son un complemento accesorio ni una concesión amable dentro de la política retributiva. Forman parte de su núcleo más profundo, porque afectan directamente a la salud, al equilibrio vital y a la sostenibilidad del rendimiento profesional. Hablar de compensación sin incluir el descanso es quedarse en una visión incompleta del valor que una organización ofrece a las personas a cambio de su esfuerzo.

Esta idea fue expresada con una claridad poco habitual por Brian Dyson, expresidente de Coca-Cola, en un discurso pronunciado en 1991 en el Georgia Institute of Technology. Dyson invitó a imaginar la vida como un juego de malabares con cinco pelotas: trabajo, familia, salud, amigos y espíritu. Todas permanecen en el aire, pero no son iguales. La del trabajo, decía, está hecha de goma y puede rebotar si cae. Las otras cuatro son de cristal. Si se dejan caer, se dañan de forma irreversible. El mensaje es tan sencillo como exigente: el equilibrio no es opcional, y entenderlo requiere una cierta madurez vital y profesional.

El problema es que este equilibrio, fácil de comprender en teoría, resulta difícil de sostener en la práctica. La rutina cotidiana tiende a priorizar de manera casi automática el trabajo y todo lo que lo rodea (desplazamientos, llamadas, correos, reuniones, comidas apresuradas), mientras que las dimensiones más frágiles de la vida reciben solo los restos de tiempo y atención. Las pelotas de cristal se mantienen en el aire como se puede, confiando en que no caigan del todo.

Es precisamente ahí donde los periodos vacacionales adquieren su verdadero sentido. Las vacaciones existen para compensar ese desequilibrio estructural y redistribuir mejor las prioridades en el conjunto del año. Son el espacio que permite dedicar tiempo de calidad a la familia, cuidar la salud a través del descanso y el ejercicio, reencontrarse con los amigos sin la presión del reloj y alimentar el espíritu mediante la lectura, la reflexión o nuevas experiencias. No son una huida del trabajo, sino una condición para volver a él con mayor claridad y energía.

No es casual que la investigación empírica respalde esta intuición. Estudios recientes realizados por los profesores Stéphane Renaud, Sylvie St-Onge y Denis Morin demuestran que la calidad y la cantidad de vacaciones influyen de forma significativa en el nivel de implicación de los trabajadores y en la reducción de las bajas voluntarias, con un impacto superior al de otros elementos clásicos de la política de recursos humanos. Dicho de otro modo, cuidar el descanso no solo es una cuestión humana, sino también una decisión organizativamente inteligente.

Sin embargo, hacer vacaciones no es tan sencillo como marcar unos días en el calendario. Requiere determinación. Lo expresó con lucidez el escritor John Steinbeck al afirmar que «el arte del descanso es una parte del arte de trabajar». Un arte que no siempre se domina. Según el último informe de la consultora Hays, más de la mitad de los profesionales no saben o no pueden desconectar durante los días festivos, y se mantienen permanentemente conectados a través de dispositivos móviles. El resultado es un descanso incompleto que no cumple su función reparadora.

La política retributiva: ¿sueldo digno o futbolín en la oficina?

Aunque pueda parecer paradójico, no hay vacaciones sin el esfuerzo de hacerlas posibles. Un esfuerzo que es individual y colectivo al mismo tiempo. En primer lugar, exige planificación. Rediseñar tareas, ajustar procesos y preparar a los equipos para que la organización pueda seguir funcionando con normalidad durante las ausencias. Y, en segundo lugar, requiere una delegación bien entendida. Delegar no consiste en dejar instrucciones minuciosas y supervisarlas desde la distancia con desconfianza, sino en marcar el rumbo y otorgar margen para que cada persona recorra el camino con autonomía.

En este sentido, las vacaciones funcionan como un indicador muy fiable del grado de madurez de una organización. Revelan hasta qué punto existen procesos robustos, equipos preparados y liderazgos capaces de soltar el control sin que todo se resienta. Y también muestran si la política retributiva se concibe como una suma de partidas económicas o como un compromiso más amplio con el equilibrio vital de las personas.

Conclusión
Back to basics

Vivimos tiempos complejos, o al menos eso nos repetimos con insistencia. La velocidad del cambio, la incertidumbre económica, la disrupción tecnológica o las tensiones sociales suelen presentarse como argumentos suficientes para explicar casi cualquier dificultad organizativa. Sin embargo, basta con levantar un poco la mirada histórica para relativizar esa sensación de excepcionalidad permanente. El contexto actual es exigente, sin duda, pero no necesariamente más complejo que otros momentos anteriores.

El Archivo de Revistas Catalanas Antiguas (ARCA) conserva publicaciones míticas del periodismo de nuestro país. Entre ellas, el semanario *Destino*, fundado en 1937 y especialmente influyente durante los años setenta. Revisar sus portadas es un ejercicio revelador, porque permite viajar al pasado a través de los hechos, sin el filtro indulgente de la nostalgia. «Dos guerras que hacen temblar a nuestros payeses», titulaba la revista para referirse a la competencia exterior en el sector agrario. «Catalunya, agua o muerte» advertía sobre los efectos de la sequía. «Fascismo, aquí y ahora» denunciaba el auge de la extrema derecha. «El Gobierno racionalizará el turismo» acompañaba imágenes de playas saturadas. «Petróleo, una energía que sustituir» alertaba sobre los problemas medioambientales.

A estas preocupaciones se sumaban otras igualmente familiares: la subida de precios, la degradación urbana, el impacto de las nuevas tecnologías industriales, el futuro de las pensiones o la lucha contra el cáncer. Todas ellas desprenden una vigencia notable. Y, sin embargo, estaban en revistas publicadas hace más de cincuenta años. Podríamos pensar que estamos atrapados en un eterno retorno, como en *El día de la marmota*. Pero también podemos extraer una conclusión más fértil desde el punto de vista de la gestión: muchos de los retos que consideramos contemporáneos no lo son tanto, y los cambios verdaderamente estructurales suelen ser menos frecuentes y menos abruptos de lo que a veces creemos.

Aceptar que muchos de los desafíos que afrontamos no son radicalmente nuevos conduce a una primera conclusión incómoda, pero necesaria. Cuando el contexto deja de ser una excusa absoluta, la tentación de mirar constantemente por la ventana pierde fuerza. Ya no basta con señalar el entorno, el mercado, las generaciones jóvenes o la geopolítica como causas últimas de todo lo que no funciona. La pregunta se desplaza hacia otro lugar, menos confortable, pero mucho más transformador: ¿qué estamos haciendo nosotros, como profesionales y como organizaciones, para responder mejor a esos retos recurrentes?

Este libro es, en esencia, una invitación a ese ejercicio de honestidad. A colocarse frente al espejo en lugar de buscar explicaciones fuera. Mirarse al espejo implica revisar con espíritu crítico las propias competencias individuales (los conocimientos que se dominan, las habilidades que se ejercen y las actitudes con las que se afronta el trabajo diario), pero también asumir que el rendimiento colectivo no es la suma mecánica de talentos individuales. Depende, en gran medida, de cómo se diseñan y se cuidan las reglas del juego compartidas. Es un ejercicio más exigente que culpar al contexto, pero también mucho más fértil, porque devuelve margen de maniobra y responsabilidad a quien realmente puede actuar.

La segunda gran conclusión conecta directamente con esta idea. El libro no pretende descubrir fórmulas mágicas ni aportar recetas revolucionarias. No inventa la pólvora. Lo que hace es recuperar, ordenar y reivindicar elementos básicos de la buena gestión que, cuando se trabajan de forma coordinada, siguen funcionando. La cultura como marco de comportamiento compartido. La gobernanza como estructura clara de decisión. La comunicación interna como herramienta de transparencia. La gestión por procesos como garantía del trabajo bien hecho. La dirección de proyectos como vehículo de la innovación. La formación como antídoto frente a la inercia. Los objetivos como método de alineación. Y la política retributiva como expresión tangible de coherencia y reciprocidad.

Cada una de estas competencias colectivas, por separado, aporta valor. Pero es su interdependencia la que marca la diferencia. Trabajarlas de manera aislada genera mejoras parciales y frágiles. Abordarlas como un ecosistema refuerza la solidez del conjunto. Por eso el mensaje de fondo es deliberadamente sencillo y exigente a la vez. Volver a lo esencial no significa renunciar a la ambición, sino entender que el progreso sostenido se construye con fundamentos bien asentados. En tiempos que se perciben como convulsos, quizá el verdadero acto de liderazgo consista en recordar que muchas respuestas ya estaban ahí, esperando a ser aplicadas con sentido común.

Referencias bibliográficas

Las referencias incluidas en esta bibliografía han sido seleccionadas por su solidez conceptual, su relevancia práctica y su coherencia con el enfoque del libro. No se trata de una recopilación exhaustiva, sino de un conjunto deliberadamente acotado de obras y estudios que han servido de apoyo directo a las ideas desarrolladas, y que permiten profundizar en los fundamentos de las competencias individuales y colectivas.

Libros y artículos

Ariely, D. (2016). *Payoff: The hidden logic that shapes our motivations.* Simon & Schuster.

Banerjee, A. V., & Duflo, E. (2012). *Repensar la pobreza: Un giro radical en la lucha contra la desigualdad global.* Taurus.

Büttner, C. M., Rudert, S. C., Albath, E. A., Sibley, C. G., & Greifeneder, R. (2025). Narcissists' experience of ostracism. *Journal of Personality and Social Psychology, 129*(1), 181–207.

Capdevila, C. (2015). *La vida que aprenc.* Ara Llibres.

Cocozza, A. (2021). *Organizaciones: Culturas, modelos, gobernanza.* Unión Editorial.

Cornfield, G. (2015). The most important metrics you're not tracking (yet). *Harvard Business Review.*

Dobelli, R. (2013). *El arte de pensar: 52 errores de lógica que es mejor dejar que cometan otros.* DeBolsillo.

Doerr, J. (2018). *Measure What Matters.* Nueva York: Portfolio.

Dyson, B. (1991). *Work–life balance speech.* Georgia Institute of Technology.

García Cabrera, A. M., Álamo Vera, F. R., & García-Barba Hernández, F. (2011). Antecedentes de la resistencia al cambio: Factores individuales y contextuales. *Cuadernos de Economía y Dirección de la Empresa, 14*(4), 231–246.

Goleman, D. (2005). Leadership that gets results. *Harvard Business Review, 83*(11), 109–122.

Gómez-Mejía, L. R., Berrone, P., & Franco-Santos, M. (2010). *Compensation and organizational performance: Theory, research, and practice.* Routledge.

Greenleaf, R. K. (1977). *Servant leadership: A journey into the nature of legitimate power and greatness.* Paulist Press.

Harnish, V. (2014). *Scaling Up: How a Few Companies Make It… and Why the Rest Don't.* Nueva York: Rockefeller Habits.

Hübner, H. (1998). *Communication in Organizations: Cascading Communication Systems.* Berlín: Springer.

Ishikawa, K. (1985). *Guide to Quality Control.* Tokio: Asian Productivity Organization.

Referencias bibliográficas

Kaplan, R. S.; y Norton, D. P. (1996). *The Balanced Scorecard: Translating Strategy into Action*. Boston: Harvard Business School Press.

Lawler, E. E. (1990). *Strategic pay: Aligning organizational strategies and pay systems*. Jossey-Bass.

Liker, J. K. (2020). *El modelo Toyota para la mejora continua*. Marcial Pons.

Mackey, J., & Sisodia, R. (2016). *Capitalismo consciente*. Urano.

Marcet, X. (2024). *Management del sentido común*. Plataforma Editorial.

March, J. G. (1991). *Exploration and Exploitation in Organizational Learning*. Organization Science.

Martel, A. (2021). *Gestión de proyectos: Agilidad en la práctica*. Anaya Multimedia.

Maslow, A. H. (1943). A theory of human motivation. *Psychological Review, 50*(4), 370–396.

Maxwell, J. C. (1998). *The 21 irrefutable laws of leadership*. Thomas Nelson.

Project Management Institute. (2021). *A guide to the project management body of knowledge (PMBOK® Guide)* (7th ed.). Project Management Institute.

Renaud, S., St-Onge, S., & Morin, D. (2021). Vacation practices and employee engagement. *Journal of Organizational Effectiveness: People and Performance*.

Rogers, E. M. (2003). *Diffusion of innovations* (5th ed.). Free Press.

Scott, K. (2017). *Radical candor: Be a kick-ass boss without losing your humanity*. St. Martin's Press.

Estudios e informes

Adecco Group Institute. (2018). *VIII encuesta Adecco sobre la felicidad en el trabajo.*

Hays. (2023). *6 de cada 10 directivos no logran desconectar en sus vacaciones.*

McKinsey & Company. (2020). *Diversity wins: How inclusion matters.*

Preply. (2023). *Aspiraciones y hábitos de aprendizaje de las generaciones jóvenes.*

Randstad. (2022). *Employer brand research.*

SAS Institute. (2021). *Curiosity at work: The business case for curiosity.*

SD Worx. (2024). *Four out of ten employees satisfied with their total pay package.*

Su opinión es importante.
En futuras ediciones, estaremos encantados
de recoger sus comentarios sobre este libro.

Por favor, háganoslos llegar a través de nuestra web:

www.plataformaeditorial.com

Para adquirir nuestros títulos,
consulte con su librero habitual.

«I cannot live without books».
«No puedo vivir sin libros».
THOMAS JEFFERSON

Desde 2013, Plataforma Editorial planta un árbol
por cada título publicado.